essentials

Essentials liefern aktuelles Wissen in konzentrierter Form. Die Essenz dessen, worauf es als „State-of-the-Art" in der gegenwärtigen Fachdiskussion oder in der Praxis ankommt. *Essentials* informieren schnell, unkompliziert und verständlich

- als Einführung in ein aktuelles Thema aus Ihrem Fachgebiet
- als Einstieg in ein für Sie noch unbekanntes Themenfeld
- als Einblick, um zum Thema mitreden zu können

Die Bücher in elektronischer und gedruckter Form bringen das Fachwissen von Springerautor*innen kompakt zur Darstellung. Sie sind besonders für die Nutzung als eBook auf Tablet-PCs, eBook-Readern und Smartphones geeignet. *Essentials* sind Wissensbausteine aus den Wirtschafts-, Sozial- und Geisteswissenschaften, aus Technik und Naturwissenschaften sowie aus Medizin, Psychologie und Gesundheitsberufen. Von renommierten Autor*innen aller Springer-Verlagsmarken.

Gerd Niklas Köster

Nachhaltiges Asset Management von Immobilien

Grundlagenwissen und ESG-konforme Anlagestrategien

Gerd Niklas Köster
Hamburg, Deutschland

ISSN 2197-6708   ISSN 2197-6716   (electronic)
essentials
ISBN 978-3-658-47829-2   ISBN 978-3-658-47830-8   (eBook)
https://doi.org/10.1007/978-3-658-47830-8

Die Deutsche Nationalbibliothek verzeichnet diese Publikation in der Deutschen Nationalbibliografie; detaillierte bibliografische Daten sind im Internet über https://portal.dnb.de abrufbar.

© Der/die Herausgeber bzw. der/die Autor(en), exklusiv lizenziert an Springer Fachmedien Wiesbaden GmbH, ein Teil von Springer Nature 2025

Das Werk einschließlich aller seiner Teile ist urheberrechtlich geschützt. Jede Verwertung, die nicht ausdrücklich vom Urheberrechtsgesetz zugelassen ist, bedarf der vorherigen Zustimmung des Verlags. Das gilt insbesondere für Vervielfältigungen, Bearbeitungen, Übersetzungen, Mikroverfilmungen und die Einspeicherung und Verarbeitung in elektronischen Systemen.
Die Wiedergabe von allgemein beschreibenden Bezeichnungen, Marken, Unternehmensnamen etc. in diesem Werk bedeutet nicht, dass diese frei durch jede Person benutzt werden dürfen. Die Berechtigung zur Benutzung unterliegt, auch ohne gesonderten Hinweis hierzu, den Regeln des Markenrechts. Die Rechte des/der jeweiligen Zeicheninhaber*in sind zu beachten.
Der Verlag, die Autor*innen und die Herausgeber*innen gehen davon aus, dass die Angaben und Informationen in diesem Werk zum Zeitpunkt der Veröffentlichung vollständig und korrekt sind. Weder der Verlag noch die Autor*innen oder die Herausgeber*innen übernehmen, ausdrücklich oder implizit, Gewähr für den Inhalt des Werkes, etwaige Fehler oder Äußerungen. Der Verlag bleibt im Hinblick auf geografische Zuordnungen und Gebietsbezeichnungen in veröffentlichten Karten und Institutionsadressen neutral.

Springer Gabler ist ein Imprint der eingetragenen Gesellschaft Springer Fachmedien Wiesbaden GmbH und ist ein Teil von Springer Nature.
Die Anschrift der Gesellschaft ist: Abraham-Lincoln-Str. 46, 65189 Wiesbaden, Germany

Wenn Sie dieses Produkt entsorgen, geben Sie das Papier bitte zum Recycling.

Was Sie in diesem *essential* finden können

- Eine Einführung in die wesentlichen Kernelemente des Asset Managements.
- Definitionen und Erklärungen von grundlegenden Begrifflichkeiten im Kontext des nachhaltigen Asset Managements von Immobilien.
- Die Darstellung von Asset-Management-Prozessen und den damit verbundenen strategischen Modellen.
- Ein Vergleich zwischen theoretischen Ansätzen und praktischen Erfahrungen.
- Eine Handlungsempfehlung für das nachhaltige Asset Management von Immobilien im Kontext globaler Klimaveränderungen.

Vorwort

Das nachhaltige Asset Management von Immobilien hat in den letzten Jahren stark an Bedeutung gewonnen. Der Grund hierfür sind die Klimaschutzziele der EU sowie der Wunsch nach einer sozial orientierten Gesellschaft. Infolgedessen müssen möglichst alle Gebäudebestände bis zum Jahr 2050 klimaneutral ausgerichtet werden. In diesem Prozess wird der Asset Manager zum „Klima-Manager" und muss jetzt nach strengen Umweltauflagen handeln. Seine größte Herausforderung ist es hierbei, ESG-Kriterien auf den eigenen Immobilienbestand zu übertragen, umso sein Immobilienportfolio möglichst nachhaltig und sozial zu gestalten. Gleichzeitig muss er die Renditeerwartungen seiner Investoren erfüllen. Nur durch diesen Einklang kann er seinen Stellenwert als Anlagespezialist auf dem Immobilienmarkt dauerhaft sichern.

Die Idee zu diesem *essentials* entstand während meiner Tätigkeit als Professor an der Hochschule Fresenius in Hamburg. Der wesentliche Erkenntnisgewinn beruht auf der Betreuung von Abschlussarbeiten, Praxisprojekten und der Durchführung von Lehrveranstaltungen im Studiengang Immobilienwirtschaft. Ergänzt wird der vorliegende Text durch die Verarbeitung wissenschaftlicher Literatur und aktueller Gutachten. Jedoch ist das nachhaltige Asset Management von Immobilien in der Wissenschaft bis heute kaum erforscht. Dies ist insbesondere dem hohen Neuigkeitswert geschuldet. Damit bietet das nachhaltige Asset Management ein neues Tätigkeitsfeld für viele Akteure aus unterschiedlichsten Fachdisziplinen. Insofern möchte dieses Buch sowohl Einsteigern, Quereinsteigern als auch Studenten das wichtigste Grundlagenwissen vermitteln.

Mein besonderer Dank gilt dem Springer-Verlag, der es mir ermöglichte, diesen Beitrag zu publizieren. Mein zusätzlicher Dank gilt all meinen Studierenden, die mich tagtäglich durch ihre Erkenntnisse inspirieren.

Ein abschließender Dank gilt all meinen Freunden sowie meiner Familie. Ohne eure uneingeschränkte Unterstützung wäre dieses Buch nie zustande gekommen.

Prof. Dr. Gerd Niklas Köster

Inhaltsverzeichnis

1	**Einleitung**	1
2	**Einführung Asset Management**	3
	2.1 Definition Asset Management	3
	2.2 Zielsetzung des Asset Managements	4
	2.3 Abgrenzung Asset-, Property- und Facility Management	6
	2.4 Internes und externes Asset Management	8
	2.4.1 Internes Asset Management	8
	2.4.2 Externes Asset Management	9
	2.5 Technisches- und kaufmännisches Asset Management	11
	2.5.1 Technisches Asset Management	11
	2.5.2 Kaufmännisches Asset Management	12
	2.6 Asset Management im Lebenszyklus	14
3	**Bestandteile des Asset Management**	17
	3.1 Strategische Planung	17
	3.2 Wertoptimierung von Bestandsimmobilien	17
	3.3 Wirtschaftlichkeitsbetrachtung	18
	3.4 Risikomanagement und Performancemessung	20
	3.5 Verwaltung der Immobilien	21
	3.6 ESG-Integration	21
	3.7 Finanzmanagement	22
4	**Transaktionsprozess**	23
	4.1 Strategische Planung und Identifikation von Investitionsmöglichkeiten	23
	4.2 Due Diligence	24
	4.3 Vertragsverhandlungen und Vertragsabschluss	25
	4.4 Investorentypen	27

5	**Portfoliointegration**	31
	5.1 Value-Add-Strategien	31
	5.2 Desinvestition	32
	5.3 Reporting im Asset Management	34
	5.4 Einsatz künstlicher Intelligenz (KI)	35
6	**Nachhaltigkeitsanforderungen**	37
	6.1 Grundlagen der Nachhaltigkeit	37
	6.2 ESG-Kriterien	38
	6.3 Das Pariser Klimaschutzabkommen	39
	6.4 Der Europäische Green Deal	40
	6.5 Die EU-Taxonomie	41
7	**Bewertungsmodelle**	45
	7.1 ECORE	45
	7.2 CRREM	46
	7.3 GRESB	47
	7.4 Nachhaltige Fondprodukte SFRD	48
	7.5 Nachhaltige Zertifizierungssysteme	50
8	**Handlungsempfehlungen**	53
Was Sie aus diesem *essential* mitnehmen können		55
Literatur		57

Über den Autor

Prof. Dr. Gerd Niklas Köster
Studiendekan Immobilienwirtschaft
Hochschule Fresenius Hamburg
Alte Rabenstraße 1
20148 Hamburg
niklas.koester@hs-fresenius.de

Einleitung 1

Im Kontext globaler Umweltveränderungen gewinnt das nachhaltige Asset Management von Immobilien zunehmend an Bedeutung. Immobilien stellen einen wesentlichen Anteil des globalen Vermögens dar. Sie sind sowohl im Hinblick auf ihren Energieverbrauch als auch auf ihre CO_2-Emissionen ein Schlüsselfaktor im Kampf gegen den Klimawandel. Gleichzeitig stehen Investoren vor der Herausforderung langfristige Renditen zu sichern und dabei den steigenden Anforderungen der sozialen Verantwortung gerecht zu werden. Ein erfolgreiches Asset Management verbindet in diesem Zusammenhang die ökologischen, sozialen und wirtschaftlichen Ziele. Nur so können Immobilienportfolios dauerhaft zukunftsfähig gestaltet werden. Dieser Ansatz umfasst neben der Integration von ESG-Kriterien auch die Implementierung innovativer Anlagestrategien, die auf Energieeffizienz, Ressourcenschonung und soziale Gerechtigkeit abzielen. Darüber hinaus spielen regulatorische Rahmenbedingungen wie beispielsweise die EU-Taxonomie und nationale Klimaschutzgesetze eine zentrale Rolle. Nur so kann die Neuausrichtung der Immobilienwirtschaft dauerhaft und nachhaltig gesichert werden.

Das vorliegende *essential* zielt darauf ab, die Grundlagen des nachhaltigen Asset Managements von Immobilien zu beleuchten und effektive Anlagestrategien vorzustellen. Dabei verfolgt es die zentrale Fragestellung:

- Wie können ESG-Kriterien in die Wertschöpfungskette von Immobilien integriert und gleichzeitig die Renditeziele der Investoren erfüllt werden?

Gemäß einer Studie der Unternehmensberatung EY liegt das Hauptaugenmerk von Asset Managern momentan in der Umsetzung von ESG-Strategien und dem

Ausbau von digitalen Lösungen auf Objektebene (EY, 2023, S. 11). Die zunehmende Bedeutung von ESG sowie der gesellschaftliche Druck zur Reduktion von CO_2-Emissionen haben bereits zu einem Paradigmenwechsel in der Immobilienbranche geführt. Im Kontext des Asset Managements zielen die in diesem Buch präsentierten Maßnahmen darauf ab, sowohl die ökologischen als auch die sozialen und wirtschaftlichen Auswirkungen von Immobilieninvestitionen zu optimieren. Die Ziele der Investoren sind dabei vielfältig und beinhalten sowohl strategische als auch operative Aspekte, die auf eine nachhaltige Wertsteigerung ausgerichtet sind. Daher setzt sich das Asset Management aus einer Vielzahl von miteinander verknüpften Bestandteilen zusammen. Diese sind sowohl auf die Nachhaltigkeit als auch auf die Maximierung des Werts der Immobilienbestände ausgerichtet. Erfolgreiches Asset Management erfordert also eine ganzheitliche Betrachtung aller Faktoren und eine kontinuierliche Anpassung an vorhandene Marktveränderungen sowie Gesetzgebungen. Schließlich können nur durch langfristige Strategien die Rentabilitäts- und Nachhaltigkeitsziele des Asset Managers und seiner Investoren erreicht werden.

Ein wesentliches Ziel ist heute die konsequente Integration von ESG-Kriterien in den gesamten Investitionsprozess. Dies umfasst die Berücksichtigung von ESG-Aspekten bei der Auswahl von Immobilien, der Analyse von Marktbedingungen und der Durchführung von Investitionsentscheidungen. Nachhaltiges Asset Management bedeutet, dass ESG-Kriterien in allen Phasen des Immobilienzyklus, von der Akquisition über das Management bis hin zur Verwertung, eine Rolle spielen. Das bedeutet, dass neben der finanziellen Performance auch die ökologischen und sozialen Auswirkungen der Investitionen laufend bewertet, werden müssen. Ein transparenter Umgang mit ESG-Daten und die regelmäßige Berichterstattung über die ESG-Performance sind dabei entscheidend, um den Anforderungen der Investoren und regulatorischen Vorgaben gerecht zu werden.

Der vorliegende Text möchte einen ersten Einstieg in das Thema liefern. Im ersten Abschnitt wird das notwendige Grundlagenwissen vermittelt, das die Basis für ein tiefgreifendes Verständnis für die einzelnen Tätigkeitsbereiche im Asset Management liefert. Darauf aufbauend werden im zweiten Schritt die Nachhaltigkeitsanforderung an Immobilien in den Mittelpunkt stellen. Ziel dieses *essential* ist es, sowohl wissenschaftlich fundierte als auch praxisrelevante Erkenntnisse zu liefern, die als Leitfaden genutzt werden können.

Einführung Asset Management 2

2.1 Definition Asset Management

Das Asset Management bezeichnet die professionelle Verwaltung von Vermögenswerten (Assets). Ziel ist es deren langfristigen Wert zu maximieren, Risiken möglichst gering zu halten und eine effiziente Nutzung der Ressourcen zu gewährleisten. Dieser Prozess umfasst die strategische Planung, den Erwerb, die Pflege, die Verwaltung und die Verwertung von Vermögenswerten über ihren gesamten Lebenszyklus. Asset Management bezieht sich dabei sowohl auf einzelne Vermögenswerte als auch auf größere Portfolios. Es dient in der Regel dazu, die finanziellen Ziele der jeweiligen Investoren strategisch umzusetzen. Im Kontext heutiger Klimaveränderungen und sozialer Verschiebungen muss hierbei auch ein hohes Maß an Nachhaltigkeit und sozialer Verträglichkeit gewährleistet werden. Der Begriff des Asset Managements ist ursprünglich dem Finanzsektor zuzuordnen und wird nach Pelzeter und Trübestein (2016, S. 291) wie folgt definiert:

„Das originäre Gebiet des Asset Managements ist dem Bereich der Finanzdienstleistungen zuzuordnen und bezieht sich prinzipiell auf die professionelle Kapitalanlage für Dritte und der damit verbundenen Kapitalanlage- bzw. Investmentprozess unter Berücksichtigung von Rendite-Risiko-Vorgaben und investorenspezifischen Zielsetzungen" (Pelzeter & Trübestein, 2016, S. 291.)

Das Immobilien Asset Management bezeichnet hingegen die strategische und operative Verwaltung von Immobilienportfolios. Ziel ist es den langfristigen Wert der Immobilien zu maximieren. Hierfür müssen Mieterträge optimiert und Objektrisiken minimiert werden. Dies umfasst die Entwicklung, Umsetzung und Kontrolle von Strategien zur Wertsteigerung der Objekte. Aber auch die laufende

Überwachung der Performance Entwicklung sowie möglicher Marktveränderungen. Hinzu kommen die Koordination und Steuerung aller relevanten Stakeholder. Insbesondere der Immobilieneigentümer, Mieter und Dienstleister.

Beim Immobilien Asset Management stellt somit die Immobilie als Produkt das Asset dar. Letztlich umfasst es sämtliche wertsteigernden Maßnahmen entlang der gesamten Wertschöpfungskette einer Immobilie oder eines Immobilienportfolios. Stets im Einklang mit den Zielvorgaben des jeweiligen Investors (Hoerr, 2017, S. 637). Im weiteren Sinne übernimmt es die Wertmaximierung der einzelnen Objekte vom Ankauf bis zum Verkauf und agiert dabei als Dienstleister für den Eigentümer.

Das Immobilien Asset Management oder auch „Real Estate Asset Management" genannt, ist damit ein spezialisierter Teilbereich des Asset Managements, der sich mit der Verwaltung und Optimierung von Immobilienbeständen befasst. Dabei gehen die Aufgaben des Asset Managers jedoch über die reine Wertsteigerung der Objekte hinaus und umfassen eine Vielzahl von Aspekten, die in der Praxis eine zentrale Rolle spielen. Diese beinhalten neben der finanziellen Rendite baulich operative und rechtliche Überlegungen zur Wertmaximierung der Immobilienbestände. Im Folgenden werden die wesentlichen Zielsetzungen des Asset Managements detailliert dargestellt. Wenn im weiteren Verlauf der Arbeit von Asset Management die Rede ist, ist damit immer das immobilienbezogene Asset Management gemeint.

2.2 Zielsetzung des Asset Managements

Das Immobilien Asset Management verfolgt das Ziel, den Wert von Immobilieninvestitionen langfristig zu maximieren und den Ertrag für die Eigentümer der Immobilien zu steigern. Das Hauptziel des Asset Managements besteht somit in einer strategischen Planung und Verwaltung des Immobilienportfolios. Dies beinhaltet sowohl Rentabilitätsprüfung als auch das Risikomanagement. Es umfasst die Optimierung von Einnahmen aus Mietverträgen, die Reduzierung von Betriebskosten sowie Investitionen in die Instandhaltung der Gebäude, um so schließlich deren Marktwert zu steigern.

Ein zusätzliches Ziel ist die Minimierung von Risiken, die durch Marktveränderungen, neue Gesetzgebungen oder unvorhergesehene Ereignisse entstehen können. Daher arbeiten Asset Manager ständig daran, Risiken durch eine gezielte Diversifikation des Portfolios und durch präzise Marktanalysen zu steuern. Ein weiterer wichtiger Aspekt ist die Erhöhung der Liquidität des Portfolios, sodass bei Bedarf schnelle Anpassungen vorgenommen werden können.

2.2 Zielsetzung des Asset Managements

Ein zunehmend relevanter Faktor ist auch die Integration von Nachhaltigkeitszielen. In Anbetracht der wachsenden Bedeutung von ESG streben Asset Manager an, nachhaltige Immobilienstrategien zu implementieren, um den Anforderungen des Marktes und ihrer Investoren gerecht zu werden. Dies umfasst beispielsweise die Energieeffizienz von Gebäuden, die Nutzung umweltfreundlicher Materialien, aber auch die Förderung von sozialen Aspekten wie einer sozial orientierten Mietpreisgestaltung. Beispielsweise zur Verbesserung der Lebensqualität in den Wohnobjekten.

Die langfristige Strategie des Asset Managers ist es hierbei, Immobilien zu entwickeln und zu verwalten, die eine hohe Marktattraktivität besitzen und gleichzeitig über viele Jahre hinweg hohe Renditen erzielen. Dabei wird durch die Umsetzung von Nachhaltigkeitsfaktoren nicht nur der ökologische Fußabdruck verringert, sondern auch der Wert der Immobilie selbst gesteigert. Immobilien, die nach aktuellen ESG-Standards gebaut oder umgebaut werden, sind auf dem internationalen Immobilienmarkt zunehmend gefragt, da sie den modernen Bedürfnissen der Mieter entsprechen und den steigenden Anforderungen an den Klimaschutz gerecht werden. Eine nachhaltige Bewirtschaftung führt daher nicht nur zu einer Verbesserung der ökologischen und sozialen Rahmenbedingungen, sondern auch zu einer höheren Bewertung der Immobilien auf dem Investmentmarkt. Hierfür sollte der Asset Manager die folgenden Ziele verfolgen:

- Wertsteigerung durch Implementierung von ESG-Kriterien
- Ertragsoptimierung durch sozialverträgliche Steigerung der Miete
- Risikoreduzierung durch Risikomanagement und Risikostreuung im Portfolio
- Ständige Überprüfung der Wertstabilität und konstanten Cashflow-Generierung
- Langfristige Wertschöpfung durch nachhaltige Mieterstruktur
- Steuerliche Optimierungen durch Objektgesellschaften
- Aufwertung von Flächennutzungen und Realisierung von Baureserven
- Reduktion der objektbezogenen Ausgaben im Lebenszyklus

Das Asset Management verfolgt demnach eine Vielzahl von Zielsetzungen, die sowohl die Maximierung der Rendite als auch die Minimierung von Risiken umfassen. Die Wertsteigerung der Immobilienbestände und die Optimierung der Mietverhältnisse stehen dabei klar im Mittelpunkt. Während gleichzeitig Aspekte wie ESG-Integration und Portfoliodiversifikation zunehmend an Bedeutung gewinnen. In einer dynamischen Marktwirtschaft erfordert erfolgreiches Asset Management aber auch die ständige Anpassung an wirtschaftliche Rahmenbedingungen, wie beispielsweise die politische Lage in Deutschland.

Zusammenfassend lässt sich sagen, dass das Asset Management darauf abzielt, die finanzielle Leistung von Immobilieninvestitionen durch eine ganzheitliche, proaktive und nachhaltige Managementstrategie zu optimieren. Es berücksichtigt in der Regel sowohl die Maximierung des Wertes einzelner Immobilien als auch die langfristige Performance des gesamten Portfolios, welches bei Großinvestoren schnell mehrere hundert Objekte beinhalten kann.

2.3 Abgrenzung Asset-, Property- und Facility Management

In der Immobilienwirtschaft werden die Begriffe Asset-, Property- und Facility Management verwendet, um unterschiedliche Managementdisziplinen und Aufgabenbereiche auf Objektebene voneinander abzugrenzen. Obwohl diese Tätigkeitsbereiche eng miteinander verknüpft sind, unterscheiden sie sich hinsichtlich ihrer strategischen Ausrichtung und ihren operativen Aufgaben. Eine klare Abgrenzung ist in der Praxis essenziell, um die Schnittstellen und Verantwortlichkeiten innerhalb des Immobilienmanagements zu definieren. In der folgenden Abb. 2.1 werden die drei Managementebenen auf Objektebene nach ihrer jeweiligen Hierarchie dargestellt. In der Praxis ist ihnen zusätzlich die Portfolio- und Investmentebene überstellt.

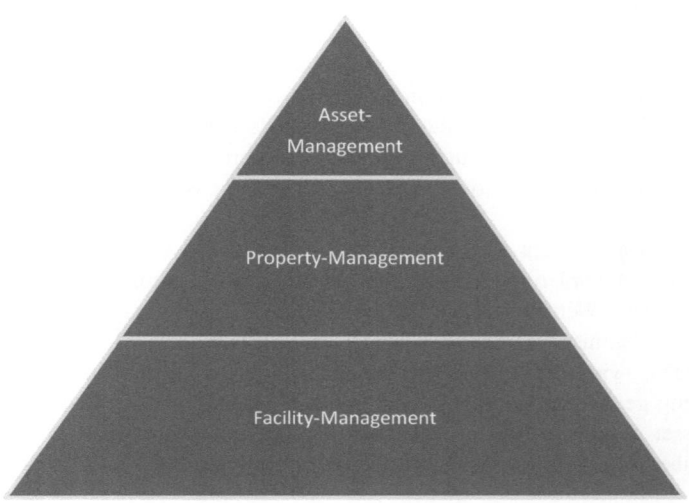

Abb. 2.1 Abgrenzung von Managementdisziplinen auf Objektebene. (Quelle: Eigene Darstellung)

2.3 Abgrenzung Asset-, Property- und Facility Management

Das Asset Management konzentriert sich als erste Ebene auf die strategische Verwaltung und Optimierung der Immobilienbestände aus einer finanziellen und investitionsorientierten Perspektive. Asset Manager sind dabei auch verantwortlich für die Ankaufsentscheidung, die Projektentwicklung von Bestandsobjekten sowie für das Finanzmanagement. Sie analysieren Märkte, entwickeln Investitionsstrategien und überwachen die finanzielle Performance der Immobilienbestände. Asset Management fokussiert sich somit auf die Maximierung des Portfoliowertes durch strategisches Management der einzelnen Objekte.

Im Gegensatz dazu bezieht sich Property Management auf die operative und administrative Verwaltung einzelner Immobilien. Property Manager sind dafür verantwortlich, die Immobilie im täglichen Betrieb effizient zu managen, was unter anderem die Vermietung (Mieterservice) sowie die Wartung und Instandhaltung der Gebäude umfasst. Ziel ist es, den Betrieb einer Immobilie so zu gestalten, dass die Mieterzufriedenheit sichergestellt und der Wert der Immobilie hierdurch erhalten bleibt. Property Management ist damit stärker auf die Verwaltung der Immobilie selbst fokussiert und weniger auf die finanziellen sowie strategischen Aspekte eines Immobilienportfolios.

Das Facility Management geht im Detail einen Schritt weiter und bezieht sich auf die ganzheitliche Verwaltung der physischen Infrastruktur eines Gebäudes. Dies umfasst alle technischen, infrastrukturellen und kaufmännischen Dienstleistungen, die notwendig sind, um die Funktionalität und den Betrieb einer Immobilie sicherzustellen. Facility Manager kümmern sich um die Gebäudetechnik, Instandhaltung, Reinigung, Sicherheitsdienste und andere betriebsbezogene Aufgaben. Im Wesentlichen stellt das Facility Management sicher, dass die baulichen und infrastrukturellen Systeme effizient arbeiten, um den täglichen Betrieb der Immobilie zu gewährleisten. Die drei Funktionen können zusammenfassend wie folgt abgegrenzt werden.

- **Asset Management:** Ist strategisch ausgerichtet und bezieht sich auf die Maximierung des finanziellen Erfolgs einer Immobilie oder eines Immobilienportfolios.
- **Property Management:** Ist operativ und kümmert sich um die praktische Verwaltung sowie den Betrieb der einzelnen Objekte.
- **Facility Management:** Ist eine spezialisierte Disziplin, die sich auf die technischen und infrastrukturellen Aspekte der Gebäudeverwaltung fokussiert.

Zusammenfassend lässt sich sagen, dass Asset-, Property- und Facility Management unterschiedliche, aber komplexe Aufgaben im Lebenszyklus einer Immobilie übernehmen. Während das Asset Management auf die langfristige Wertsteigerung und strategische Ausrichtung einzelner Objekte oder eines Portfolios fokussiert ist, konzentrieren sich die beiden weiteren Funktionen auf die alltägliche Verwaltung und den reibungslosen Betrieb einzelner Immobilien. Alle drei Managementarten arbeiten in der Praxis eng zusammen, um so den finanziellen Erfolg der Immobilien dauerhaft zu gewährleisten.

2.4 Internes und externes Asset Management

2.4.1 Internes Asset Management

Das interne Asset Management bezeichnet die Verwaltung und Optimierung von Immobilienbeständen, die direkt von der eigenen Organisation gehalten werden, ohne die Mithilfe externer Dienstleister. Diese Form des Asset Managements wird insbesondere von großen Immobiliengesellschaften bevorzugt. Diese verfügen in der Regel über die notwendigen Fachkenntnisse, um komplexe Aufgaben intern selbst abzubilden.

Das oberste Ziel des internen Asset Managements ist es, die Effizienz und Rentabilität der eigenen Immobilienbeständen nach den eigenen Zielvorgaben zu maximieren. Gleichzeitig soll durch eine effiziente Performance der einzelnen Objekte deren Wert langfristig gesteigert werden. Dies wird durch eine ganzheitliche Betrachtung sämtlicher Aspekte des Asset Managements erreicht, von der strategischen Planung bis hin zur operativen Umsetzung.

Das interne Asset Management bietet vor allem Vorteile in den Bereichen Kontrolle, Flexibilität, Kostenmanagement und strategische Ausrichtung. Es ermöglicht Unternehmen, ihre Immobilienportfolios effizienter und nachhaltiger zu verwalten. Voraussetzung ist jedoch, dass interne Ressourcen und das nötige Fachwissen ausreichend im Unternehmen vorhanden sind.

Die wesentlichen Vorteile des internen Asset Management sind:

- Höhere Kontrolle und Transparenz der Prozesse
- Kurze Entscheidungswege
- Kosteneffizient aufgrund interner Ressourcen
- Direkte Verantwortung für die langfristige Perspektive der Assets
- Förderung von internem Know-how
- Möglichkeit zur Implementierung individueller Nachhaltigkeitsstrategien

Ein wesentlicher Vorteil des internen Asset Managements liegt also in der erhöhten Kontrolle, die der Eigentümer über alle Aspekte seiner Immobilien behält. Die Verantwortung für die Entscheidungen bezüglich seiner Portfoliostrategie, der Vermietung, der Instandhaltung und der Wertsteigerungsmaßnahmen bleibt in den eigenen Händen seines Unternehmens. Dies ermöglicht eine engere Überwachung der Prozesse sowie eine schnellere Reaktion auf Marktveränderungen. Die direkte Kontrolle ermöglicht es zudem, Entscheidungen in Echtzeit zu treffen, ohne auf externe Berichterstattung warten zu müssen. Dies führt zu einer höheren Transparenz in Bezug auf die finanzielle Performance, die Entwicklung der Immobilienwerte sowie die Umsetzung von strategischen Zielen.

Im internen Asset Management können die Prozesse und Strategien genau auf das spezifische Immobilienportfolio abgestimmt werden. Während externe Dienstleister oftmals standardisierte Methoden und Lösungen anwenden, können Unternehmen beim internen Asset Management maßgeschneiderte Strategien entwickeln, die besser zu ihren individuellen Anforderungen passen. Dies betrifft sowohl die Auswahl der Immobilieninvestitionen als auch die Umsetzung von Optimierungsmaßnahmen in den Bestandsimmobilien. Beispielsweise kann ein Unternehmen, das einen starken Fokus auf nachhaltige und umweltfreundliche Immobilien legt, individuelle Maßnahmen ergreifen, um seine Bestände entsprechend den neuesten ESG-Kriterien zu optimieren.

Das interne Asset Management bietet zusätzlich eine schnellere Entscheidungsfindung, da keine externen Berater eingebunden werden müssen. Dies ist besonders vorteilhaft in einer Branche, die momentan von schnellen Marktveränderungen und dynamischen Rahmenbedingungen geprägt ist. Bei externem Asset Management kann hingegen der Entscheidungsprozess durch die Notwendigkeit der Abstimmung mit externen Partnern verlangsamt werden, was zu verpassten Chancen am Immobilienmarkt führen kann.

2.4.2 Externes Asset Management

Das externe Asset Management bezeichnet die Auslagerung der strategischen Verwaltung von Immobilienbeständen an spezialisierte Dienstleister. Diese wiederum übernehmen dann das Asset Management im Auftrag des Eigentümers. Dabei bleibt der Investor in der strategischen Entscheidungsfindung involviert, während die operativen Aufgaben an den externen Asset Manager übergeben werden. Diese Form des Asset Managements ist besonders in großen Immobilienportfolios und bei institutionellen Investoren verbreitet, deren Kerngeschäft nicht in der Immobilie liegt. In den letzten Jahren hat das Geschäftsmodell des externen Asset Managements an Bedeutung gewonnen. Hintergrund ist insbesondere die Globalisierung der Märkte, die steigenden regulatorischen Anforderungen und die Notwendigkeit zur Erfüllung von Nachhaltigkeitskriterien in Form von ESG.

Eine der wichtigsten Aufgabe des externen Asset Managements ist die regelmäßige und transparente Berichterstattung gegenüber dem Investor. Diese Berichterstattung umfasst detaillierte Informationen über die Performance der einzelnen Immobilien in Form von finanziellen Kennzahlen. Aber auch die Fortschritte bei der Umsetzung der Strategien und etwaigen Anpassungen an die Marktbedingungen. Eine klare und regelmäßige Kommunikation ist entscheidend, umso das Vertrauen des Investors langfristig zu sichern. Grundsätzlich bietet das externe Asset Management für den Investor die folgenden vier Vorteile:

1. **Expertise:** Externe Asset Manager verfügen über umfangreiche Marktkenntnisse und spezifische Fachkenntnisse, die es ihnen ermöglichen, die Leistung von Immobilien zu maximieren und die richtigen strategischen Entscheidungen zu treffen.
2. **Marktpositionierung:** Externe Asset Manager haben Zugang zu Netzwerken, die einem einzelnen Investor häufig nicht zur Verfügung stehen und können dadurch höhere Preise bei einem Objektverkauf oder der Vermietung erzielen.
3. **Fokus auf das Kerngeschäft:** Für den Eigentümer bedeutet das Outsourcing des Asset Managements, dass er sich auf sein eigenes Kerngeschäft konzentrieren kann, während der externe Dienstleister sich um das operative Immobilienmanagement kümmert.
4. **Ressourcen und Skaleneffekte:** Durch die Bündelung von Ressourcen und die Verwaltung größerer Portfolios können externe Asset Manager Skaleneffekte erzeugen, die zu Kostensenkungen für den Investor führen.

Laut einer Studie aus der Schweiz erbringen insbesondere institutionelle Anleger die strategischen Bereiche des Asset Managements intern. Besonders im operativen Bereich kommt es jedoch aufgrund von wiederkehrenden Tätigkeiten zu einer verstärkten Auslagerung und zur Beauftragung externer Dienstleister. Zu dieser treuhänderischen Eigentümervertretung gehören beispielsweise auch die Initiierung und Überwachung von Projektentwicklungen im Bestand. Weitere potenzielle Ursachen können das Fehlen von fachspezifischem Know-how im Immobilienbereich sein. Auch Investitionen in externe Märkte, eine Erhöhung der Unternehmensflexibilität, positive Outsourcing-Erfahrungen sowie ein Generationen- oder Personalwechsel wurden in der Studie als Gründe für die externe Vergabe des Asset Managements genannt (Trübestein, 2019, S. 22 ff.). Aufgrund dem zunehmenden Spezialisierungsgrad wird momentan ein deutlicher Trend zum outsourcen von Asset Management-Leistungen erwartet. Ein Grund hierfür sind auch die steigenden Nachhaltigkeitsanforderung auf Objektebene.

2.5 Technisches- und kaufmännisches Asset Management

2.5.1 Technisches Asset Management

Die Aufgaben im Asset Management lassen sich weiter vor allem in technische und kaufmännische Tätigkeiten unterteilen. Aus diesem Grund ist es vor allem bei komplexen Immobilien nicht selten, dass mehrere Asset Manager tätig sind. Oftmals trägt ein Asset Manager die Hauptverantwortung für die wirtschaftlichen Aspekte der Immobilie, während ein anderer sich um die technischen Belange kümmert (Lehner, 2023, S. 59 f.).

Das technische Asset Management spielt damit eine zentrale Rolle bei der nachhaltigen Bewirtschaftung von Immobilienportfolios. Es umfasst insbesondere die Überwachung der technischen Aspekte, die für die Funktionalität der Immobilien erforderlich sind. In Zeiten steigender Anforderungen an ESG und Digitalisierung gewinnt dieser Bereich zunehmend an Bedeutung. Ziel ist es, durch den Einsatz moderner Technologien und effizienter Betriebsprozesse die langfristige Leistungsfähigkeit der Immobilien zu gewährleisten.

Zu den wesentlichen Aufgaben eines technischen Asset Managers gehören:

- Technische Bestandsaufnahme der Immobilie (inkl. Heizung, Lüftung, Klima)
- Identifikation von Instandhaltungs- und Modernisierungsbedarf
- Entwicklung von Wartungs- und Instandhaltungsstrategien
- Planung und Steuerung von energetischen Sanierungen
- Optimierung des Energieverbrauchs durch intelligente Gebäudeleittechnik
- Überwachung und Reduktion von CO_2-Emissionen
- Berücksichtigung von ESG-Richtlinien und der EU-Taxonomie
- Sicherstellung der Einhaltung von Bauvorschriften und Brandschutzbestimmungen
- Integration von IoT-Technologien zur Echtzeitüberwachung von technischen Anlagen
- Einsatz von Building Information Modeling (BIM) und KI-Systemen zur Verbesserung der immobilienbezogenen Prozesse

Das technische Asset Management hat somit direkten Einfluss auf die Betriebskosten, die Mieterzufriedenheit und schlussendlich den Immobilienwert. Ein effektives Management der technischen Infrastruktur kann die Betriebskosten erheblich senken, die Energieeffizienz steigern und damit die Lebensdauer der Immobilien erhöhen. Gleichzeitig bestehen Herausforderungen, wie zunehmende regulatorische Anforderungen und die Notwendigkeit, neue Technologien effektiv in ein Immobilienportfolio zu implementieren.

Darüber hinaus erfordert die Integration von Nachhaltigkeitsaspekten eine kontinuierliche Weiterentwicklung der technischen Standards. Hierbei spielen innovative Technologien, wie KI-basierte Systeme, eine entscheidende Rolle. Sie ermöglichen eine prädiktive Instandhaltung und eine verbesserte Datenanalyse. Dies führt im Idealfall zur Optimierung von Betriebsprozessen, was Kosten einspart, und die Nachhaltigkeitsbilanz verbessert.

In Anbetracht der globalen Klimaziele und der zunehmenden Digitalisierung wird das technische Asset Management damit weiter an Bedeutung gewinnen. Investitionen in moderne Technologien und nachhaltige Lösungen werden zukünftig zentrale Erfolgsfaktoren. Zudem wird die Zusammenarbeit zwischen technischen und kaufmännischen Asset Managern immer wichtiger, um so ein nachhaltiges Immobilienmanagement über den gesamten Lebenszyklus zu gewährleisten.

2.5.2 Kaufmännisches Asset Management

Das kaufmännische Asset Management bezieht sich auf die strategische Optimierung der wirtschaftlichen Aspekte eines Immobilienportfolios und zielt darauf ab, den wirtschaftlichen Erfolg der Immobilienbestände kostenoptimiert zu maximieren. Dieser Bereich des Asset Managements konzentriert sich auf die Steuerung der finanziellen sowie vertraglichen Aspekte der Immobilienverwaltung. Hierbei stehen sowohl kurzfristige Erträge als auch langfristige Wertsteigerungen im Fokus. Das kaufmännische Asset Management agiert als Schnittstelle zwischen dem Eigentümer und den operativen Einheiten. So soll sichergestellt werden, dass die Immobilien nicht nur effizient bewirtschaftet werden, sondern auch rentabel und nachhaltig auf dem Immobilienmarkt positionierbar bleiben. Damit umfasst das kaufmännische Asset Management aller wirtschaftlichen Aktivitäten, die mit dem Besitz, der Verwaltung und der Veräußerung der Immobilien verbunden sind. Hierbei agiert der kaufmännische Asset Manager stets im Interesse seines Investors und handelt nach dessen Zielvorgaben.

Zu den wesentlichen Aufgaben des kaufmännischen Asset Managers gehören:

- **Entwicklung einer Investitionsstrategie:** Entwicklung langfristiger Investitionspläne, die auf die Renditeziele der Investoren abgestimmt sind. Diversifizierung und Optimierung des Portfolios durch gezielte Ankäufe und Veräußerungen von Objekten.

- **Mietvertragsmanagement:** Verwaltung und Verhandlung von Mietverträgen, inklusive Mietpreisgestaltung sowie Sicherstellung der Einhaltung vertraglicher Pflichten.
- **Finanzmanagement:** Überwachung von Einnahmen und Ausgaben, inklusive Budgetplanung zur Optimierung des Cashflows und Sicherstellung der Liquidität.
- **Markt- und Standortanalysen:** Identifikation von Chancen und Risiken durch detaillierte Marktanalysen, umso ständig die Wettbewerbsfähigkeit der Immobilien zu bewerten.
- **Nachhaltigkeitsmanagement:** Integration von ESG-Kriterien in die wirtschaftliche Strategie des Immobilienportfolios. Durch die Entwicklung von nachhaltigen Konzepten, die den langfristigen Immobilienwert und die gesellschaftliche Akzeptanz steigern.

Das kaufmännische Asset Management trägt also entscheidend dazu bei, die Rentabilität und Wettbewerbsfähigkeit der Immobilien im Interesse des Investors zu sichern. Durch die Optimierung von Einnahmen und immobilienbezogenen Kosten schafft es die Grundlage für eine nachhaltige Wertsteigerung. Gleichzeitig stehen kaufmännische Asset Manager heute vor großen Herausforderungen. Diese sind insbesondere der zunehmende Wettbewerbsdruck, die hohen regulatorischen Anforderungen sowie die volatilen Marktbedingungen, insbesondere in Deutschland. Zusätzlich spielt auch die Digitalisierung im kaufmännischen Asset Management eine immer größere und kostenintensive Rolle. Der Einsatz von Datenanalysen, Künstlicher Intelligenz und spezialisierten Softwarelösungen ermöglicht zwar eine effizientere Entscheidungsfindung und Prozessoptimierung, ist bei der Anschaffung aber auch mit hohen Investitionskosten verbunden. Darüber hinaus gewinnen nachhaltige Investitionsstrategien unter Einhaltung von ESG-Kriterien an Bedeutung. Denn Investoren und Mieter legen zunehmend Wert auf „grüne" Immobilien. Aber auch die hohen Nachhaltigkeitsanforderung verursachen zusätzliche Kosten, die durch das kaufmännische Asset Management kompensiert werden müssen.

2.6 Asset Management im Lebenszyklus

Das Asset Management von Immobilien bezieht sich auf die strategische Verwaltung von Immobilienvermögen über den gesamten Lebenszyklus einer Immobilie. Es reicht in der Regel von der Akquisition über die Nutzung bis hin zum Verkauf der einzelnen Immobilien. Es umfasst dabei die kontinuierliche Bewertung und

Optimierung der Immobilienperformance in verschiedenen Phasen. Hierbei werden sowohl die wirtschaftlichen, technischen, rechtlichen und marktbezogenen Aspekte berücksichtigt.

Rund 75 % der Gesamtkosten, die während eines Immobilienlebenszyklus anfallen, entfallen auf die Nutzungsphase. Danach kommen die Kosten für die Realisierung des Gebäudes mit etwa 20 %. Die Höhe und Verteilung dieser Kosten kann je nach Assetklasse variieren. Die Kosten während der Nutzungsphase sind insbesondere bei Gebäuden mit hoher Frequentierung und starker Beanspruchung, wie etwa Krankenhäusern oder Produktionsimmobilien, sehr hoch (Rothermund, 2016, S. 17). In der Nutzungsphase sind neben den Kosten auch die Emissionen am höchsten. Ungefähr 28 % der globalen CO_2-Emissionen gehen während der Nutzungsphase auf Immobilien zurück. 11 % entfallen auf die Realisierung der Gebäude (Röttmer et al., 2021, S. 249). Damit spielt der Lebenszyklus der Immobilien eine zentrale Rolle bei umsetzt von Nachhaltigkeitsstrategien durch das Asset Management. In der folgenden Abb. 2.2 wird der Lebenszyklus aus der Perspektive eines Asset Managers dargestellt.

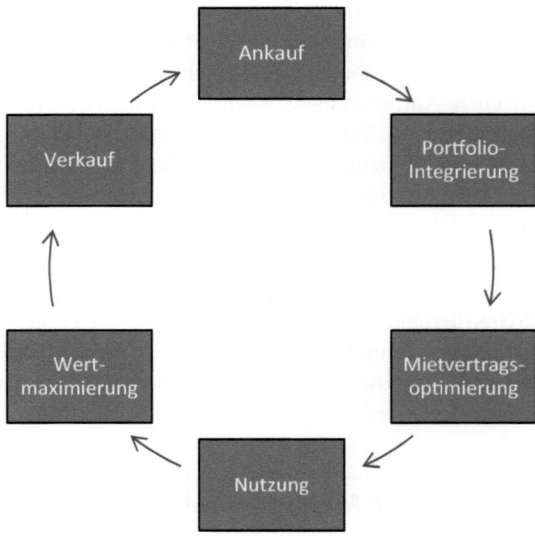

Abb. 2.2 Lebenszyklus aus der Perspektive eines Asset Managers

2.6 Asset Management im Lebenszyklus

Das Asset Management spielt somit eine zentrale Rolle im Lebenszyklus einer Immobilie, da es die strategische Steuerung und Wertmaximierung der Immobilie über alle Phasen hinweg sicherstellt. Asset Management ist somit ein kontinuierlicher Prozess, der die Immobilie in jeder Phase strategisch begleitet. Es sorgt dafür, dass Entscheidungen immer im Einklang mit den langfristigen Zielen des Eigentümers stehen. Dabei agiert der Asset Manager im gesamten Lebenszyklus als Bindeglied zwischen den operativen Ebenen des Property- und Facility Management sowie den strategischen Anforderungen der Geldgeber. Durch diese ganzheitliche Betrachtung wird das Ziel verfolgt, sowohl den finanziellen Wert zu steigern, als auch die Nachhaltigkeit in Form von ESG zu sichern. Da dies einen erheblichen Einfluss auf den Verkaufspreis der Immobilie haben kann. Das Asset Management im Lebenszyklus kann somit als integrativer Prozess verstanden werden, der sich mit der maximierten Nutzung des Potenzials einer Immobilie beschäftigt und auf eine kontinuierliche Anpassung an Marktveränderungen sowie an die Bedürfnisse der Nutzer ausgerichtet ist. Der Prozess des erfordert fundierte Kenntnisse sowohl in betriebswirtschaftlichen als auch in rechtlichen, technischen und marktspezifischen Bereichen. Im Folgenden werden die wesentlichen Bestandteile des Immobilien Asset Managements beschrieben, die in ihrer Gesamtheit zur erfolgreichen Verwaltung von Immobilienbeständen beitragen.

Bestandteile des Asset Management 3

3.1 Strategische Planung

Ein zentraler Bestandteil des Immobilien Asset Managements ist die strategische Planung. Dies umfasst die Festlegung der langfristigen Ziele für das Portfolio und die Identifikation von Investitionsmöglichkeiten. Eine fundierte Portfolio-Strategie berücksichtigt neben den Renditeanforderungen auch Aspekte wie Risikomanagement, Marktdiversifikation und die Berücksichtigung der unter Abschn. 6.2 beschrieben ESG-Kriterien. Dabei wird vom Asset Manager eine langfristige Perspektive eingenommen. In dieser werden sowohl zukünftige Markttrends aber auch mögliche wirtschaftliche und regulatorische Veränderungen berücksichtigt. Des Weiteren wird im Portfoliomanagement die optimale Struktur des Immobilienportfolios bestimmt, um eine breite Diversifikation zu gewährleisten. So können Anlagerisiken minimiert und Erträge aus Mieteinnahmen und Objektverkäufen maximiert werden. Dies kann durch die gezielte Auswahl von unterschiedlichen Immobilientypen, wie beispielsweise Wohn-, Büro- oder Logistikimmobilien erfolgen. Aber auch durch geografische und internationale Diversifikation.

3.2 Wertoptimierung von Bestandsimmobilien

Ein wichtiger Bestandteil des Asset Managements ist auch die kontinuierliche Wertoptimierung von Bestandsimmobilien. Das kann durch eine Vielzahl von Maßnahmen erreicht werden, wie beispielsweise durch Modernisierungen oder Umnutzungen von Gebäuden. Ziel ist es, die Gebäude so zu verbessern, dass sie eine höhere Mieteinnahme generiert und ihre Marktattraktivität hier durch erhöht

© Der/die Autor(en), exklusiv lizenziert an Springer Fachmedien Wiesbaden GmbH, ein Teil von Springer Nature 2025
G. N. Köster, *Nachhaltiges Asset Management von Immobilien*, essentials, https://doi.org/10.1007/978-3-658-47830-8_3

wird. Dabei werden die Maßnahmen aber immer häufiger nicht nur aus finanzieller Sicht, sondern auch unter Berücksichtigung von Nachhaltigkeitskriterien und Energieeffizienz bewertet. Hinzu kommen auch Maßnahmen zur Nutzung erneuerbarer Energien. Auch die regelmäßige Überprüfung und Optimierung von Mietverträgen und Betriebskosten sind ebenfalls Teil einer Wertsteigerungsstrategie eines Asset Manager. Hierzu gehören insbesondere die Anpassung von Mietpreismodellen, die Minimierung von Leerständen und die Förderung langfristiger Mietverhältnisse. Diese sorgen schlussendlich für Stabilität im Portfolio und Planungssicherheit bezogen auf einen möglichst konstanten Cashflow der einzelnen Objekte. Für Immobilieninvestoren sind Planungssicherheit und konstante Mieteinnahmen ohne Mietausfälle wesentliche Erfolgsfaktoren zur dauerhaften Sicherstellung Ihrer Renditeziele.

3.3 Wirtschaftlichkeitsbetrachtung

Die Wirtschaftlichkeitsbetrachtung ist ein entscheidender Prozess, um die Rentabilität von Immobilieninvestitionen nachhaltig zu maximieren. Sie umfasst die systematische Analyse der finanziellen Aspekte einer Immobilie oder eines Portfolios. Hierbei kommen in der Regel verschiedene Bewertungsmethoden und Finanzkennzahlen zur Anwendung. Zu den wesentlichen Instrumenten der Wirtschaftlichkeitsanalyse gehören die Cashflow-Analyse, der Kapitalwert (NPV) und der interne Zinsfuß (IRR). Aber auch Rentabilitätskennzahlen wie der Return on Investment (ROI) sind von entscheidender Bedeutung. Diese Kennzahlen ermöglichen eine fundierte Einschätzung der Rentabilität durch die zu erwartenden Erträge.

Die Wirtschaftlichkeitsbetrachtung stützt sich dabei auf verschiedene Bewertungsverfahren, darunter das Ertragswertverfahren oder das Vergleichswertverfahren. Das Ertragswertverfahren basiert auf der Analyse zukünftiger Mieteinnahmen und deren Abzinsung. Während das Vergleichswertverfahren den Wert einer Immobilie durch den Vergleich mit ähnlichen Objekten bestimmt. Beide Methoden sind für die Immobilienbewertung und die Entscheidungsfindung im Asset Management von großer Bedeutung. Ein weiterer zentraler Aspekt ist die Risikoanalyse, die potenzielle Risiken wie Marktveränderungen, rechtliche Unsicherheiten oder bauliche Mängel berücksichtigt. Sie ermöglicht eine Bewertung der Auswirkungen verschiedener Szenarien auf die Wirtschaftlichkeit. Sie ist in der Regel Teil des Risikomanagement, welches im nächsten Abschnitt dieses *essentials* weiter beschrieben wird.

3.3 Wirtschaftlichkeitsbetrachtung

Darüber hinaus gewinnen Nachhaltigkeitskriterien wie beispielsweise ESG auch in der Wirtschaftlichkeitsbetrachtung an Bedeutung. Die Berücksichtigung von ökologischen und sozialen Faktoren beeinflusst nicht nur die zukünftige Wertentwicklung von Immobilien, sondern reduziert auch potenzielle Risiken im Hinblick auf regulatorische Anforderungen sowie den Marktwert. Doch in der Praxis ist die Umsetzung von ESG-Kriterien in der Regel mit hohen Kosten verbunden. Daher müssen Investitionskosten, Mieteinnahmen sowie Bewirtschaftungskosten und Steuerabgaben wie in Abb. 3.1 dargestellt, in einem ständigen Kreislauf betrachtet werden. Nur so kann die Wirtschaftlichkeit der Immobilien dauerhalt durch den Asset Manager gesichert und damit die Zielvorgaben der Investoren erfüllt werden.

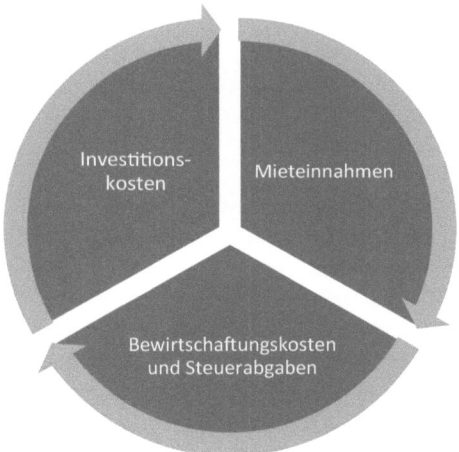

Abb. 3.1 Kreislauf der Projektwirtschaftlichkeit. (Quelle: Eigene Darstellung)

Zusammenfassend lässt sich sagen, dass die Wirtschaftlichkeitsbetrachtung im Asset Management ein integraler Bestandteil der strategischen Planung und Entscheidungsfindung ist. Sie ermöglicht eine umfassende Analyse der finanziellen Potenziale und Risiken von Immobilieninvestitionen. So stellt sie schlussendlich sicher, dass die Investitionen sowohl kurzfristig als auch langfristig im Interesse aller Stakeholder erfolgreich sind.

3.4 Risikomanagement und Performancemessung

Das Risikomanagement ist ein integraler Bestandteil des Asset Managements. Es dient dazu, potenzielle Investitionsrisiken zu identifizieren, zu bewerten und schlussendlich zu minimieren. Hierbei werden sowohl marktspezifische Risiken wie beispielsweise Schwankungen auf dem Immobilienmarkt oder Veränderungen der Flächennachfrage berücksichtigt. Aber auch betriebliche Risiken, wie beispielsweise technische Mängel, Rechtsstreitigkeiten mit den Nachbarn oder fehlende Nachhaltigkeitsanforderungen der Gebäude.

Zur Minimierung der Risiken wird dann eine umfassende Strategie entwickelt, die auf Diversifikation, Marktbeobachtung und der Absicherung von Risiken durch gegebenenfalls Versicherungen, abzielt. Zudem spielt das Risikomanagement auch eine wichtige Rolle bei der Identifikation von Chancen zur Wertsteigerung. Etwa durch den Ankauf von Gebäuden in Regionen mit hohem Wachstumspotenzial bezogen auf die Flächennachfragen.

Grundsätzlich kann das Risikomanagement in die folgenden Risikokategorien eingeteilt werden:

- **Marktrisiken:** Schwankungen in Angebot und Nachfrage. Diese unterliegen der wirtschaftlichen Entwicklung von Standorten und der Veränderung von Mietpreisen.
- **Objektrisiken:** Gebäudespezifische Faktoren wie Gebäudezustand, Grundstücks- und Nutzungsmöglichkeit.
- **Finanzierungsrisiken:** Zinsänderungen, Refinanzierungsbedingungen und Liquiditätsengpässe im Unternehmen.
- **Rechtliche Risiken:** Änderungen in Gesetzen und Vorschriften. Beispielsweise neue Nachhaltigkeitsanforderung oder Veränderungen im Mietrecht.

Im Asset Management sollten Strategien zu den genannten Risikokategorien entwickelt werden, die den Erwartungen und Anforderungen der Investoren gerecht werden. Die risikoaversen Core-Investoren haben ein besonderes Interesse an Premiumimmobilien in erstklassigen Lagen. Das Asset Management muss dafür sorgen, dass die Qualität des Gebäudes und der Mietertrag kontinuierlich gesichert wird, um den Wert der Immobilie zu erhalten. Dies geschieht auch durch die Pflege und Bindung langfristiger Mieter (Hoerr, 2017, S. 642 f.).

Zu einem ganzheitlichen Risikomanagement gehört auch die Performance-Messung als wichtiger Bestandteil des Asset Managements. Die Performance-Messung erfolgt durch regelmäßige Bewertungen der Rendite des Portfolios sowie der individuellen Immobilien. Hierzu werden verschiedene Kennzahlen verwendet, wie etwa die Brutto- und Nettorendite, der Internal Rate of Return (IRR) oder der Kapitalwert Net Present Value (NPV). Durch diese Kennzahlen lässt sich die wirtschaftliche Leistung der Immobilienbestände risikobewusst überwachen und gegebenenfalls an veränderte Marktbedingungen anpassen. Die Performance-Messung der Immobilienbestände ist eng an die Verwaltung der Immobilien gekoppelt, die im Weiteren beschrieben, wird.

3.5 Verwaltung der Immobilien

Die Verwaltung der Immobilien umfasst alle operativen Tätigkeiten, die für den laufenden Betrieb eines Gebäudes erforderlich sind. Dies schließt die Verwaltung von Mietverhältnissen, die Instandhaltung und Wartung der Gebäude sowie die Einhaltung von Sicherheits- und Gesundheitsvorschriften ein. Außerdem beinhaltet es die kosteneffiziente Überwachung und Anpassung der Betriebs- und Nebenkosten. Eine effiziente Verwaltung trägt entscheidend dazu bei, den Wert und die Ertragskraft der Immobilien zu erhalten und wenn möglich auch zu steigern. Dabei umfasst die Verwaltung der Mietverhältnisse auch die Auswahl und Betreuung von Mietern, die Organisation von Mietvertragsverlängerungen sowie die Verhandlung von Mietpreisanpassungen in Abstimmung mit dem Property Management.

Aufgabe einer erfolgreichen Immobilienverwaltung ist auch die Instandhaltung und Wartung der Gebäude, um diese in einem zeitgemäßen Zustand zu halten und gleichzeitig kostspielige Reparaturen, wenn möglich zu vermeiden. Dazu gehören sowohl bauliche und energetische Maßnahmen als auch die zeitgerechte Durchführung von Reparaturen haustechnischer Anlagen. Hierbei spielt immer mehr die Überwachung und Integration von ESG-Kriterien, beispielsweise zur CO_2-Reduktion eine wesentliche Rolle. Der genaue Prozess der ESG-Integration wird daher im Folgenden beschrieben.

3.6 ESG-Integration

Die Integration von Nachhaltigkeitszielen in Form von ESG-Kriterien ist mittlerweile ein unverzichtbarer Bestandteil des Asset Management. Ziel ist es, den ökologischen Fußabdruck von Immobilien zu reduzieren, etwa durch den Einsatz energieeffizienter Techniken, die Nutzung erneuerbarer Energien sowie die Förderung von Recycling und Ressourcenschonung. Darüber hinaus ist auch auf die soziale Verantwortung zu achten, etwa durch die Bereitstellung von günstigem

Wohnraum, die Förderung von Barrierefreiheit in den Bestandsobjekten oder die Integration von sozialen Gemeinschaftseinrichtungen. ESG-Kriterien sind nicht nur aus ethischen Gründen wichtig, sondern auch aus wirtschaftlicher Sicht. Viele Investoren kaufen heute nur noch ESG-konforme Immobilien. Großinvestoren, wie beispielsweise Pensionskassen und Versicherungen können oft aufgrund ihrer internen Nachhaltigkeitsrichtlinien nur noch sogenannte „grüne Immobilien" in ihr Portfolio aufnehmen. Somit erweisen Immobilien mit den neuesten Nachhaltigkeitsstandards am Immobilienmarkt eine höhere Nachfrage auf, als Objekte ohne jeglichen ESG-Standard. Aus diesem Grund sollte eine umfangreiche ESG-Integration und Überwachung wesentlicher Bestandteil eines erfolgreichen Asset Management sein. Werden die Integration der Nachhaltigkeitsanforderung jedoch missachtet, verfallen die Objekte immer mehr zu sogenannten „gestrandeten Immobilien" (stranded assets). Diese Objekte lassen sich dann wiederum nicht mehr lukrativ auf dem Immobilienmarkt platzieren. Da sie weder den Nachhaltigkeitsanforderungen der Investoren noch ihrer Mieter entsprechen. Die genauen Inhalte der einzelnen ESG-Kriterien werden unter Abschn. 6.2 weiter erläutert.

3.7 Finanzmanagement

Neben der Integration von Nachhaltigkeitsfaktoren ist auch das Finanzmanagement wesentlicher Bestandteil des erfolgreichen Asset Managements von Immobilien. Es umfasst die Verwaltung der Finanzströme, die Finanzierung von Immobilieninvestitionen sowie die Steuerung der Liquidität. Dies beinhaltet sowohl die Kapitalstrukturierung der einzelnen Immobilien, beispielsweise durch Eigenkapital oder eine Fremdfinanzierung. Es beinhaltet aber auch das Controlling und die Budgetierung von Einnahmen und Ausgaben während der Immobilienbewirtschaftung. Eine sorgfältige Finanzplanung ist somit entscheidend, um die Renditeziele der Investoren zu erreichen und gleichzeitig das Risiko von Liquiditätsengpässen zu minimieren. Ein weiteres Ziel im Finanzmanagement ist außerdem die steuerliche Optimierung von Immobilieninvestitionen. Dies berücksichtigt steuerliche Aspekte, wie Abschreibungen, Steuervergünstigungen oder die Strukturierung der Immobilientransaktionen. Ein intelligentes Finanzmanagement minimiert also die Steuerbelastung und erhöht damit die Gesamtrentabilität des Immobilienportfolios. Damit ist das Finanzmanagement ein strategischer Bestandteil des Asset Managements, welches auch für die Vorbereitung eines erfolgreichen Immobilienverkaufs eine wichtige Schlüsselrolle spielt. Welche einzelnen Schritte bei einer Immobilientransaktion zu beachten sind, wird im folgenden Kapitel erläutert.

Transaktionsprozess 4

Der Transaktionsprozess stellt eine entscheidende Komponente im Asset Management von Immobilien dar. Er umfasst alle Schritte und Entscheidungen, die notwendig sind, um eine Immobilie zu kaufen oder zu verkaufen. Dabei steht das Ziel im Vordergrund, den Wert des Immobilienbestands für den Investor zu maximieren, sei es durch Akquisitionen, Desinvestitionen, oder Optimierungen bestehender Objekte kurz vor Verkauf. Der Prozess integriert sowohl strategische als auch operationelle Überlegungen und erfordert die Zusammenarbeit verschiedenster Akteure. Der Asset Manager steuert in der Regel diesen Prozess. In großen Investmenthäusern gibt es zusätzlich spezialisierte Transaktionsmanager, die den Immobilienankauf und -Verkauf im Interesse des Unternehmens begleiten.

4.1 Strategische Planung und Identifikation von Investitionsmöglichkeiten

Der erste Schritt im Transaktionsprozess des Asset Managements ist die strategische Planung, die im Einklang mit den übergeordneten Zielen des Investors erfolgt. Diese Planung umfasst die Festlegung der Asset Allocation (Vermögensaufteilung) und der Festlegung der Investitionskriterien. Diese Kriterien sollten immer auf einer belastbaren Markt- und Risikoanalyse gegründet sein. Hierbei spielen die makroökonomischen Rahmenbedingungen, die Marktentwicklung sowie die spezifischen Bedürfnisse des gesamten Immobilienportfolios eine Rolle. Aber auch die Nachhaltigkeitsanforderungen und die gesetzlichen Rahmenbedingungen des Endinvestors. Im weiteren Schritt der strategischen Planung werden potenzielle Investitionsmöglichkeiten identifiziert. Dies kann sowohl den Erwerb neuer Gebäude, die Projektentwicklung neuer Immobilien oder auch das Eingehen einer partnerschaftlichen Zusammenarbeit in Form eines Joint Ventures sein. Das Ziel der strategischen Planung ist es, das Portfolio zu erweitern oder zu diversifizieren, um eine langfristige und möglichst sichere Rendite für die Investoren zu gewährleisten. Die Identifikation von Investitionsmöglichkeiten und Regionen erfolgt oft durch eine systematische Marktbeobachtung. Diese beinhaltet insbesondere eine genaue Datenanalyse der Leerstandsquoten, Mietpreisentwicklungen und regionalen Wachstumsprognosen am jeweiligen Investmentstandort. Zu berücksichtigen sind hierbei auch die Veränderungen und Prognosen der am Standort vorhandenen Infrastruktur, sowie die Ansiedlung großer Arbeitgeber. Wird beispielsweise eine neue U-Bahn-Station in direkter Nähe des Grundstücks geplant oder siedelt sich ein Großunternehmen an, so kann dies Wertsteigerungspotenzial für das jeweilige Objekt bedeuten.

4.2 Due Diligence

Sobald eine potenzielle Immobilie oder ein Portfolio als Investition identifiziert wurde, beginnt der Prozess der Due Diligence. Hierbei werden alle relevanten Risiken identifiziert sowie das Immobilieninvestment auf seine Tragfähigkeit geprüft. Die Due Diligence verfolgt dabei gleich mehrere Ziele, die sicherstellen sollen, dass der Immobilienankauf eine möglichst risikoarme Entscheidung darstellt. Im Wesentlichen dient die Due Diligence der umfassenden Bewertung einer Immobilie oder mehrerer Immobilien, inklusive deren Gesellschaften. Beurteilt wird sowohl die technische, rechtliche als auch finanzielle Situation.

In der Immobilienwirtschaft setzt sich eine Due Diligence wie folgt zusammen:

- **Technische Due Diligence:** Untersuchung des baulichen Gebäudezustandes, inklusive umfangreicher Bewertung von Bauschäden und notwendigen Sanierungen.
- **Rechtliche Due Diligence:** Prüfung der Eigentumsverhältnisse, Grundbuchauszüge, Mietverträge und Baulasten, inklusive etwaiger Verpflichtungen gegenüber Dritten.
- **Finanzielle Due Diligence:** Analyse der Einnahmen- und Ausgabenstruktur bezogen auf Mietrentabilität, Finanzierung, Nebenkosten und steuerliche Aspekte der Immobilie.

- **Umweltbezogene Due Diligence:** Bewertung von Umweltaspekten wie beispielsweise Altlasten und Schadstoffbelastungen. In der Regel mithilfe eines geotechnischen Bodengutachtens und eines Schadstoffkatasters.
- **ESG Due Diligence:** ESG-Monitoring zur Bewertung vorhandener ESG-Kriterien im Kontext neuer Nachhaltigkeitsgesetze. Hierbei ist insbesondere auch das Maß an sozialen und ethischen Kriterien zu bewerten.

Ein zentrales Ziel der Due Diligence ist demnach die Identifikation und Bewertung potenzieller Risiken, die mit einer Immobilieninvestitionen verbunden sind. So sollen möglichst negative Szenarien für den Investor minimiert werden. Darüber hinaus wird zusätzlich eine genaue Marktanalyse durchgeführt, um die Rentabilität der Investition im Hinblick auf den Standort, die Flächennachfrage und eine potenzielle Wertsteigerungen zu bewerten. Abschließend ermöglicht eine Due Diligence eine fundierte Einschätzung der langfristigen Rentabilität sowie einer potenziellen Wertentwicklung der Immobilie. Somit liefert sie für Investoren eine wichtige Entscheidungsgrundlage und ist Hauptbestandteil des nachhaltigen Asset Management. Nur mit ihrer Hilfe können schlussendlich Risiken minimiert und nachhaltige Investments im Sinne der Investoren garantiert werden. In diesem Kontext wird insbesondere die ESG Due Diligence weiter an Bedeutung gewinnen. Das ESG-Monitoring und die Einhaltung von Nachhaltigkeitsrichtlinien haben in den Augen vieler Geldgeber stark an Bedeutung gewonnen, da diese Faktoren schon heute einen direkten Einfluss auf den Marktwert von Immobilien haben.

4.3 Vertragsverhandlungen und Vertragsabschluss

Nachdem die Due Diligence abgeschlossen ist und eine positive Investitionsentscheidung getroffen wurde, beginnen die finalen Vertragsverhandlungen mit der Eigentümerseite. Beim Ankauf großer Objekte gehen diese beiden Prozesse aus Zeitgründen häufig Hand in Hand. Die Verhandlung der im Kaufvertrag festgesetzten Parameter ist jedoch der zentrale Moment einer Immobilientransaktion. Er kann weit reichende, positive, aber auch negative Auswirkungen auf das spätere Asset Management der Immobilie haben. Der Kaufvertrag regelt schließlich die Bedingungen des Immobilienankaufs und kann eine Vielzahl von Bedingungen umfassen.

Er beinhaltet sowohl den Kaufpreis als auch mögliche Garantien, Haftungsausschlüsse und den Übergabetermin der Immobilie. Bei komplexeren Immobilientransaktionen sollten daher rechtliche und finanzielle Berater hinzugezogen werden. Dies hat den Vorteil, dass der Kaufvertrag aus juristischer Perspektive wasserdicht ist und gleichzeitig den wirtschaftlichen Vorstellungen des Asset Managers entspricht. Zusätzlich sollte ein Notar mit möglichst viel Erfahrung im Bereich der Immobilientransaktionen ausgewählt werden. In vielen Rechtssystemen, wie beispielsweise dem Deutschen ist die notarielle Beurkundung von Immobilienkäufen grundsätzlich erforderlich. Sie garantiert die ordnungsgemäße Abwicklung des Kaufvertrages und die Sicherstellung der Eintragung im Grundbuch. Nicht in allen Ländern der Welt ist die notarielle Beurkundung des Grundstückskaufvertrages üblich. Daher muss der Asset Manager sich bei internationalen Projekten genauestens mit den vor Ort zulässigen Gesetzen und Regeln auseinandersetzen. In der folgenden Abb. 4.1 werden die wichtigsten Phasen des Immobilienankaufs dargestellt.

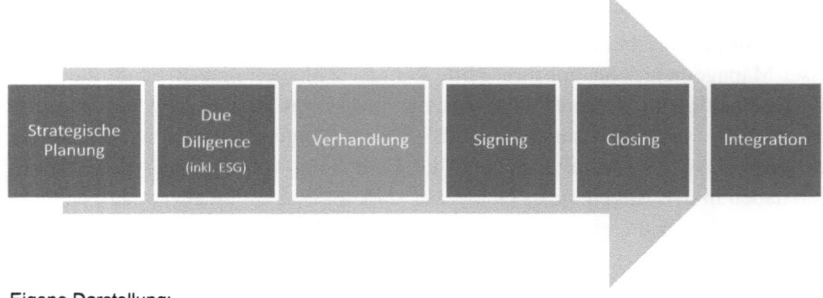

Eigene Darstellung;

Abb. 4.1 Phasen des Immobilienankaufs. (Eigene Darstellung)

Nachdem die strategische Planung, die Due Diligence und die Vertragsverhandlungen abgeschlossen sind, folgt wie in Abb. 4.1 dargestellt, das Signing. Im Kontext einer Immobilientransaktion bezeichnet der Begriff „Signing" den formellen Akt der Unterzeichnung eines Vertrages, der die wesentlichen Vereinbarungen zwischen dem Käufer und dem Verkäufer festlegt. Dies ist ein wichtiger Schritt für den Asset Manager im Rahmen des Erwerbs einer Immobilie. Das Signing erfolgt nach der finalen Verhandlung und Überprüfung aller Vertragsbedingungen. Es markiert den Moment, in dem beide Parteien rechtlich gebunden sind, die Vereinbarungen über den Immobilienkauf einzuhalten.

Im Anschluss an das Signing folgt im Transaktionsprozess das Closing. Das Signing ist somit ein Meilenstein im Transaktionsprozess, aber nicht zwangsläufig der Abschluss. Es beinhaltet nicht die Zahlung der Kaufpreissumme und die Eintragung beim Grundbuchamt. Im Kontext einer Immobilientransaktion bezeichnet der Begriff „Closing" den abschließenden Schritt des Transaktionsprozesses einer Immobilie. Es handelt sich um den Zeitpunkt, an dem alle notwendigen Vertragsbedingungen erfüllt sind und die Immobilie offiziell von der einen Partei an die andere übertragen wird. Dies umfasst die Übergabe des Kaufpreises und die Übertragung des Eigentums.

Das Closing erfolgt also nach dem Signing des Kaufvertrags, sobald alle finanziellen und rechtlichen Bedingungen geklärt und noch offene Prüfungen durchgeführt wurden. Zu den Aufgaben des Asset Managers während des Closings gehören die Bezahlung des Kaufpreises, das Einfordern von Eigentumsdokumenten sowie die Zahlung von Steuern und Gebühren. Abschließend wird die angekaufte Immobilie vom ehemaligen Eigentümer an den neuen Eigentümer übergeben. Erst nach dem Closing ist der Käufer somit offiziell der Eigentümer der Immobilie und der Verkäufer hat alle Vertragsverpflichtungen erfüllt. Grundsätzlich unterscheidet man beim Immobilienkauf zwischen Asset und Share Deal. Bei einem Asset Deal wird die Immobilie direkt vom neuen Eigentümer erworben. Beim Share Deal hingegen erwirbt der Käufer Anteile (Shares) an einer Objektgesellschaft. Je nach Gesellschaftsstruktur kann ein Share Deal Steuerersparnisse garantieren. Jedoch bewirkt er auch Risiken bezogen auf Rechte und Pflichten, die von der Zielgesellschaft zuvor gegenüber Dritten eingegangen wurden. Das jeweilige Ankaufszenario ist daher nach den genauen Anforderungen des jeweiligen Investorentypens zu wählen.

4.4 Investorentypen

Die Einordnung unterschiedlicher Investorentypen ist für das Asset Management von großer Bedeutung. Schließlich unterscheiden sich die einzelnen Typen von Investoren hinsichtlich Investitionsstrategie, Anlagehorizont, Risikoprofil und ihren Nachhaltigkeitszielen. Der Asset Manager muss seinen jeweiligen Investor daher genau analysieren und seine jeweiligen Ziele auf das Gesamtportfolio sowie die einzelnen Objekte übertragen. Wie in der folgenden Abb. 4.2 dargestellt, unterscheidet man grundsätzlich die folgenden vier Hauptkategorien von Investorentypen.

Zu den privaten Investoren zählen sowohl Einzelpersonen als auch kleinere Family Offices. Wobei Einzelpersonen in diesem Kontext auch häufig als Kapitalanleger betitelt werden. Allgemein tendieren private Investoren häufig dazu in spezifische Immobilienprojekte zu investieren, die ihnen eine hohe Rendite

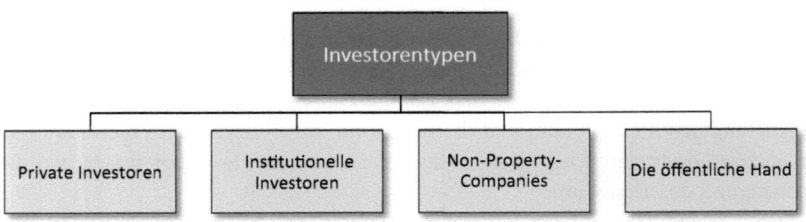

Abb. 4.2 Investorentypen. (Quelle: In Anlehnung an Bone-Winkel, 1996)

bei moderatem Risiko bieten. Sie sind in der Regel weniger diversifiziert als institutionelle Investoren und haben meist einen kürzeren Anlagehorizont. Ihre Asset Management-Leistungen erbringen sie meistens selbst. Gelegentlich treten sie aber auch als Joint Venture Partner professioneller Asset Manager auf. Dann sind sie aktiv in alle Entscheidungsprozesse eingebunden. Hierbei ist ihr größter Vorteil die hohe Flexibilität, da sie keinem Vorstandsgremium oder Beirat Rechenschaft über ihre Entscheidungen schuldig sind. Diesen Vorteil nutzen Sie insbesondere bei der Akquisition neuer Objekte für das eigene Portfolio. In der Regel suchen sie ständig nach Immobilien mit Wertsteigerungspotential. Sei es durch Renovierung, Umnutzung oder Standortaufwertung. Beim Ankauf sind sie dann sehr schnell und nutzen so ihren Marktvorteil. Auch das Thema Nachhaltigkeit spielt für sie zunehmend eine große Rolle. Insbesondere bezogen auf die Optimierung von Nebenkosten und Energie Verbräuchen. Aber auch bei Stiftungen von Privatpersonen, die ihr Geld in Immobilien anlegen, steht das Thema „ESG" ganz oben auf der Tagesordnung.

Zu den institutionellen Investoren zählen hingegen Pensionskassen, Versicherungen, Immobilien-AGs, Fondsgesellschaften und Real-Estate-Investment-Trusts (REITs). Bei ihren Investments sind sie in der Regel langfristig orientiert und verfolgen eine diversifizierte Portfoliostrategie. Nur so gelingt es ihnen, über einen langen Zeitraum hinweg stabile Renditen zu erzielen und gleichzeitig das Risiko relativ gering zu halten. Ihre Investitionsstrategien sind damit insgesamt weniger spekulativ und fokussieren sich auf risikoarme Immobilienobjekte mit soliden Mieterträgen. Aufgrund ihres Kapitalvolumens und ihrer Expertise verfügen sie häufig über ein professionelles Asset Management oder bedient sich externer Asset Manager. Dies ermöglicht Ihnen die Performance ihrer Immobilienanlagen kontinuierlich zu optimieren. Hierbei verfolgen sie mittlerweile eine klare ESG-Strategie, um so ihre Immobilienbestände und ihr Unternehmen möglichst nachhaltig und sozial zu präsentieren. Die Umlenkung ihrer Kapitalströme in nachhaltige Investments ist hierbei ihre grundlegende Motivation.

4.4 Investorentypen

Einen weiteren Investorentypen bilden die Non-Property-Companies. Sie beschreiben Großunternehmen, deren Kerngeschäft nicht die Immobilie ist. Ihr Anlageziel liegt somit nicht in der eigentlichen Immobilieninvestitionen, sondern in der Produktion und dem Vertrieb von Gütern und Dienstleistungen. Ihre Immobilien und Standorte unterstützen lediglich ihr Kerngeschäft und sind Teil ihrer nachhaltigen Unternehmensstrategie. Viele dieser Unternehmen wie beispielsweise Siemens, BASF oder der Volkswagenkonzern verfügen über eigene Immobilienabteilungen, die ein firmeninternes Asset Management gewährleisten. Unternehmenseigene und extern angemietete Gebäude und Flächen werden durch das interne Asset Management aktiv betreut. Dies gewährleistet, die ständige Überwachung und Optimierung von immobilienbezogenen Kosten. Es beinhaltet auch den Verkauf von nicht mehr betriebsnotwendigen Immobilien an Investoren zur Optimierung der Eigentumsquoten sowie ihrer unternehmenseigenen Nachhaltigkeitsstrategie. Objekte, die nicht den eigenen ESG-Richtlinien entsprechen, werden vermehrt abgestoßen. Gleichzeitig achten Non-Property-Companies bei der Anmietung externer Flächen verstärkt auf die Einhaltung hoher Nachhaltigkeitsanforderung. Denn seit neuesten müssen sie auch die Treibhausgasemissionen ihrer Immobilienbestände in ihren Jahresabschlüssen angeben.

Auch die öffentliche Hand trifft auf dem Immobilienmarkt regelmäßig als Investor auf. In letzter Zeit nutzt sie immer häufiger ihre durch hohe Steuereinnahmen vorhandene Kapitalkraft, um hiermit Objekte für ihre Behörden und Ämter anzukaufen. Ein Beispiel hierfür ist der Ankauf der ehemaligen Unilever Zentrale in der Hamburger HafenCity für die Hamburger Hafenbehörde, Port Authority (HPA). In bester Wasserlage wurde hier ein Büroobjekt für eine behördeninterne Nutzung angekauft. Hierdurch erhofft man sich, die Kosten für einen teuren Neubau einzusparen und über Jahre hinweg Mietkosten zu optimieren. Die Asset Management-Leistungen der öffentlichen Hand werden in der Regel über das landeseigene Immobilienmanagement abgedeckt. Hier werden Mietverträge koordiniert sowie Ankäufe von Immobilien und Flächen gesteuert.

Zusammenfassend lässt sich sagen, dass die Art der Investoren entscheidend für die Umsetzung der jeweiligen Asset Management-Strategie ist. Die Investorentypen selbst unterscheiden sich insbesondere über ihre Renditeanforderung und ihr Risikoprofil. Die Fähigkeit eines Asset Managers, sich auf die unterschiedlichen Bedürfnisse und Erwartungen der Investoren einzustellen, ist schlussendlich entscheidend für seinen Erfolg. Der Grundstein hierfür wird bereits durch die Unterstützung für einen erfolgreichen Immobilienankauf gewährleistet. Nach einer erfolgreichen Objektübernahme erfolgt dann die Portfoliointegration durch das Asset Management, die im folgenden Kapitel beschrieben wird.

Portfoliointegration 5

Die Portfoliointegration bezeichnet den strategischen Prozess, bei dem einzelne oder mehrere Immobilien in einem Portfolio harmonisch zusammengeführt werden. Ziel einer strategischen Integration ist es, den Wert des gesamten Portfolios hierdurch weiter maximieren. Gleichzeitig zielt es darauf ab, das Gesamtinvestitionsvolumen risikominimiert zu streuen, um so für die Investoren eine langfristige Rentabilität und Stabilität im Portfolio zu sichern. Dieser Prozess umfasst eine Vielzahl von Schritten, von der Festlegung der strategischen Zielsetzung hin zur operativen Umsetzung und kontinuierlichen Performance-Überwachung.

Eine erfolgreiche Portfoliozusammenstellung erfordert fundierte Marktkenntnisse, eine präzise Analyse der wirtschaftlichen Kennzahlen sowie die Berücksichtigung modernen ESG-Kriterien. Es dürfen heute keine Immobilien mehr dem Immobilienportfolio zugeführt werden, die nicht den internen ESG-Kriterien der Investoren sowie den europäischen Klimaschutzzielen entsprechen. Dies würde den Gesamtwert des Portfolios gegebenenfalls negativ beeinflussen. Um dies zu verhindern, werden nicht ESG-konforme Immobilien vor einer Portfoliointegration in der Regel einer umfangreichen Modernisierung unterzogen. Strategien hierzu werden im weiteren Verlauf erörtert. So können Objekte dann auch jederzeit gewinnbringend aus dem Portfolio verkauft werden.

5.1 Value-Add-Strategien

Value-Add-Strategien erweitern die klassische Core-Strategien von Investoren. Sie stellen Ansätze zur potenziellen Wertsteigerung einzelner Immobilien dar. Sie beinhalten in der Regel die Optimierung der Vermietungssituation sowie gegebenenfalls eine Flächenerweiterungen. Aber auch eine energetische Sanierung der Immobilie kann Teil einer Value-Add-Strategie seien. Die Umsetzung der Maßnahmen geschieht dabei meistens innerhalb eines Zeitrahmens von zwei bis fünf Jahren. Die geringere Planbarkeit des Cashflows durch den Wegfall von Mietverträgen führt in dieser Phase jedoch zu einem Risiko. Auf lange Sicht gesehen ermöglichen diese Aufwertungsstrategien jedoch erhebliche Renditechancen (Wealthcap, 2022, S. 1 f.).

Die Implementierung von Value-Add-Strategien spielt somit eine zentrale Rolle in der Steuerung eines Immobilienbestands und gehört damit ins Aufgabenfeld des Asset Managers. Das wesentliche Ziel dieser Strategien ist es dabei, den Wert einer Immobilie durch gezielte Maßnahmen zu steigern, bevor sie in ein Portfolio integriert oder wieder verkauft wird.

Zu den wesentlichen Value-Add-Strategien gehören:

- **Modernisierung:** Baumaßnahmen zur Erhöhung der Attraktivität der Immobilie oder zur Verbesserung ihrer Energieeffizienz und ESG-Performance.
- **Umnutzung:** Veränderung der Flächennutzung. Beispielsweise durch eine Umwandlung von Büroflächen in Wohnraum.
- **Vermietungsoptimierung:** Verbesserung der Mieterstruktur und Anpassen von Mietpreisen sowie Verlängerung von Mietverträgen. Hierdurch kann der Marktwert und die Rentabilität einer Immobilie signifikant gesteigert werden.

Die Umsetzung dieser Strategien erfordert vom Asset Manager genaue Marktkenntnisse und eine präzise Kalkulation der Baukosten. Dies ist nur durch eine enge Zusammenarbeit mit Bauunternehmen und allen weiteren externen Dienstleistern möglich. Die frühzeitige Identifikation von Projektentwicklungspotenzial im Bestand ist damit wesentliche Aufgabe eines erfolgreichen Asset Managements. Schließlich bildet es den wesentlichen Hebel zu Wertoptimierung einzelner Objekte oder eines ganzen Portfolios.

5.2 Desinvestition

Im Rahmen der Desinvestition wird entschieden, wann und wie eine Immobilie aus dem Portfolio verkauft werden soll. Der Verkaufsprozess wird von der Analyse der Marktbedingungen sowie der Einschätzung der aktuellen Wertentwicklung der Immobilie bestimmt. Ziel ist es, die Immobilie zu einem maximalen Verkaufspreis zu veräußern, der sowohl die ursprüngliche Investition als auch den gewünschten Wertzuwachs berücksichtigt.

5.2 Desinvestition

In dieser Phase geht es als erstes darum, potenzielle Käufer für ein Objekt zu identifizieren. Gleichzeitig muss die Immobilie hierbei in einem möglichst positiven Licht präsentiert werden. Nur so kann nach erfolgreicher Vertragsverhandlung der bestmögliche Verkaufspreis auch wirklich erzielt werden. Hierbei spielt auch die technische, rechtliche, finanzielle, umwelt- und ESG- bezogene Prüfung der Immobilie eine wichtige Rolle. Eine sogenannte „Verkäufer-Due Diligence" ist bei großen Objekten in jedem Fall sinnvoll. Während dieser Prüfung können Schwachstellen auf Objektebene aufgedeckt und optimiert werden, die sonst gegebenenfalls einen negativen Einfluss auf den Verkaufswert haben. Bei komplexen Immobilien sollten in jedem Fall externe Berater und ein Notar mit viel Erfahrung herangezogen werden.

Die Entscheidung, ob eine Immobilie überhaupt aus dem Portfolio veräußert werden soll, sollte auf einer sorgfältigen Marktanalyse, einer aktuellen Performancemessung sowie dem strategischen Ziel des Gesamtportfolios begründet werden. Ziel ist es hierbei auch, den perfekten Verkaufszeitpunkt zu wählen, um den höchstmöglichen Verkaufspreis am Immobilienmarkt zu realisieren. Folglich sind für den erfolgreichen Verkauf einer Immobilie die zwei folgenden Faktoren entscheidend:

1. **Marktbedingungen:** Der Immobilienmarkt unterliegt zyklischen Schwankungen. Asset Manager müssen den richtigen Zeitpunkt abwarten, um von günstigen Marktbedingungen zu profitieren. Nur so kann der größtmögliche Verkaufspreis realisiert werden.
2. **Portfoliostruktur:** Die Desinvestition von Immobilien erfolgt oft zur Diversifikation des Portfolios und Realisierung von Kapital, dass anschließend in renditeträchtigere Objekte reinvestiert werden soll. Somit ist der Verkauf einzelner Objekte immer in Kontext der gesamten Portfoliostrategie zu betrachten.

Zusammenfassend ist der Desinvestitionsprozess eine strukturierte und systematische Abfolge von Schritten, die auf die Maximierung des gesamten Portfoliowertes abzielt. Der Erfolg wird wesentlich durch die genaue Analyse der zuvor genannten Parameter sowie dem richtigen Verkaufszeitpunkt bestimmt. Nur so kann der Asset Manager für den Investor die Maximal-Rendite erzielen.

5.3 Reporting im Asset Management

Das Reporting ist ein wesentlicher Bestandteil eines erfolgreichen Asset Management von Immobilien. Ziel des Reportings ist es, eine möglichst umfangreiche und nachvollziehbare Dokumentation der finanziellen und strategischen Performance der Immobilien im Portfolio für den Investor zu liefern. Dies umfasst sowohl die regelmäßige Berichterstattung über die aktuellen Ergebnisse auf Objektebene, als auch die Kommunikation von längerfristigen Entwicklungsplänen. Zusätzlich beinhaltet es das Aufzeigen von potenziellen Risiken und marktbezogenen Zukunftsszenarien. Das primäre Ziel des Reportings besteht darin, dem Eigentümer möglichst aktuelle und präzise Informationen über die Performance seiner Immobilieninvestition zu liefern. Hierbei werden quantitative Kennzahlen wie Mieteinnahmen, Betriebskosten und Rendite in regelmäßigen Abständen an den Eigentümer übermittelt. Ein effektives Reporting ermöglicht es dem Investor schließlich, fundierte Entscheidungen in Bezug auf Renovierungen, Vermietungen, Verkäufe oder auch neue Akquisitionen zu treffen. In der Praxis unterscheidet man die folgenden Arten der Reports:

- **Finanzreports:** Konzentrieren sich auf die finanziellen Kennzahlen wie Cashflow, Mieterträge sowie Instandhaltungskosten und Renditen.
- **Operative Reports:** Liefern Informationen zur Verwaltung der Immobilien. Beispielsweise zu Mietverhältnissen, notwendigen Instandhaltungsmaßnahmen oder Leerständen.
- **Strategische Reports:** Diese beinhalten langfristige Objekt- und Portfolio-Strategien. Beispielsweise zur künftigen Marktentwicklung und einem notwendigen Risikomanagement.
- **ESG-Reports:** Dokumentieren den aktuellen Stand zu Implementierung von ESG-Kriterien auf Objekt- und Portfolioebene. Außerdem werden Nachhaltigkeitsempfehlungen für die Zukunft ausgesprochen und Berichterstattungen nach Vorgabe aktueller Gesetzgebungen dokumentiert.

Das Reporting steht im Asset Management vor verschiedenen Herausforderungen, die sich aus der Komplexität des Marktes, der Vielzahl an Datenquellen und der Notwendigkeit einer regelmäßigen Aktualisierung der Berichte ergeben. Moderne Informationssysteme und Softwarelösungen, die speziell auf das Immobilien Asset Management ausgerichtet sind, bieten eine wertvolle Unterstützung beim Reporting. Diese Systeme ermöglichen die Automatisierung von Datenerhebungen aus verschiedenen Quellen und die Erstellung von Reports in Echtzeit.

Technologien wie Business Intelligence (BI) und Datenanalytik werden zunehmend von Asset Managern eingesetzt. So kann schließlich ein tiefer Einblick in die Performance des Immobilienportfolios garantiert werden. Insbesondere in Europa und den USA müssen Asset Manager dabei auch regulatorische Anforderungen erfüllen, die das Reporting betreffen. Dies umfasst beispielsweise die Berichterstattung nach IFRS (International Financial Reporting Standards) oder lokalen Bilanzierungsstandards. Darüber hinaus ist ein besonderes Augenmerk auf die Dokumentation der eingehaltenen Nachhaltigkeitskriterien in den Reports zu legen, da diese zunehmend von Investoren und Aufsichtsbehörden gefordert werden.

Das Reporting im Immobilien Asset Management spielt damit eine entscheidende Rolle für die erfolgreiche Verwaltung von Immobilienportfolios. Es fördert die Transparenz, ermöglicht eine fundierte Entscheidungsfindung und hilft, Risiken frühzeitig zu erkennen. Die Integration moderner KI-Technologien und die Berücksichtigung regulatorischer Anforderungen werden die Zukunft des Reporting wesentlich mitbestimmen.

5.4 Einsatz künstlicher Intelligenz (KI)

Der Einsatz von Künstlicher Intelligenz revolutioniert die Art und Weise, wie Immobilienportfolios in Zukunft verwaltet und wertsteigernd optimiert werden. KI bietet eine Vielzahl von Anwendungen, die von der Datenanalyse über die Prozessautomatisierung bis hin zur Prognose von zukünftigen Marktentwicklungen reicht. Durch den gezielten Einsatz von KI können Asset Manager schon heute die Effizienz ihrer Prozesse steigern, Kosten gesenkt und fundierte Entscheidungen im Interesse Ihrer Investoren treffen. Hierbei ist jedoch genau auf die Datengrundlage und deren Qualität zu achten. Somit ist der Einsatz von Künstlicher Intelligenz im Asset Management nicht ohne Herausforderungen, die es durch eine gezielte Kontrolle der Daten zu überwinden gilt. Jedoch bietet die neue Technologie auch viele Vorteile, die den Immobiliensektor auf Dauer revolutionieren werden. Beispielsweise kann Künstliche Intelligenz bereits heute große Mengen an immobilienbezogenen Daten in Echtzeit analysieren. Durch „Deep Learning" können Muster in den Daten erkannt werden, die für den Asset Manager möglicherweise nicht sichtbar sind. Somit kann KI beispielsweise verwendet werden, um Mietstrategien zu optimieren, indem sie etwa Preismodellierungsalgorithmen nutzt. Hierfür wird dann der Mietpreis basierend auf Standortfaktoren, Marktentwicklungen und der Flächennachfrage berechnet. Diese Art der dynamischen Mietpreisgestaltung kann sowohl dem Asset Manager als auch dem

Investor helfen, Mieteinnahmen zu maximieren und Leerstände in den Objekten zu minimieren. Des weiteren kann KI auch in der Asset-Allocation-Strategie eines Portfolios eingesetzt werden, indem sie optimale Investitionsentscheidungen unter Berücksichtigung von Renditen und Risiken im Interesse des Investors trifft. Aber auch hierbei ist auf die genaue Verfolgung der Datengrundlage und deren Qualität zu achten. Es ist momentan nicht empfehlenswert, eine 100 Mio. €-Immobilien-Entscheidung einer Künstlichen Intelligenz zu überlassen.

Ein risikoarmer Einsatzbereich Künstliche Intelligenz ergibt sich in der Bewirtschaftung der Gebäude und der Überwachung von Nachhaltigkeitszielen. KI kann zur Automatisierung und Verbesserung der Immobilienverwaltung beitragen, etwa durch intelligente Gebäudetechnologien, die auf IoT basieren. Diese Technologien ermöglichen eine effizientere Nutzung von Energieressourcen sowie die Vorhersage von Wartungsbedarfen. Sogenannte „Predictive Maintenance-Algorithmen" können Probleme frühzeitig erkennen und so die Instandhaltungs- und Reparaturkosten senken.

Aber auch bei diesem Einsatzbereich ist eine der größten Herausforderungen der Zugang zu einer qualifizierten Datengrundlage. Für immobilienbezogene KI-Programme ist es entscheidend, dass die Daten aktuell und gut strukturiert sind. In vielen Bereichen des Immobilienmarktes sind Daten jedoch fragmentiert oder schlecht zugänglich. Somit ist der Einsatz Künstlicher Intelligenz im Asset Management allgemein von einer guten Datenverfügbarkeit und Qualität abhängig. Die Integration von KI in bestehende Asset Management-Prozesse ist damit alles andere als einfach. Viele Unternehmen der Immobilienwirtschaft arbeiten momentan noch mit veralteten Systemen sowie einer nicht datenorientierten Infrastruktur. Der Übergang zu KI-gesteuerten Prozessen erfordert zusätzlich hohe Investition und Schulungskosten für die Mitarbeiter. Daher steht nicht jedes Immobilienunternehmen dem Einsatz Künstlicher Intelligenz offen gegenüber. Hinzu kommt der hohe Datenschutz in Deutschland, welcher den Einsatz dieser neuen Technologien zusätzlich erschwert. Die Sammlung und Nutzung von personenbezogenen Daten, wie beispielsweise Informationen über Mietverhältnisse oder Transaktionen, unterliegt in Deutschland strengen Datenschutzbestimmungen.

Dennoch bietet der Einsatz künstlicher Intelligenz im Asset Management ein erhebliches Potenzial, um Prozesse zu optimieren und die Rentabilität eines Portfolios zu verbessern. Langfristig wird Künstliche Intelligenz daher zu einem unverzichtbaren Werkzeug für die erfolgreiche Verwaltung und Entwicklung von nachhaltigen Immobilienbeständen.

Nachhaltigkeitsanforderungen 6

6.1 Grundlagen der Nachhaltigkeit

Der Begriff „Nachhaltigkeit" hat seinen Ursprung in der Forstwirtschaft. Erstmals wurde diese Definition von Hans Carl von Carlowitz im Jahr 1713 schriftlich erwähnt. Damals verfolgte Carlowitz das Ziel, wirtschaftliche und natürliche Interessen zu vereinen. Dies war die Antwort auf den übermäßigen Verbrauch von Holz in der Industrie, die vielerorts zu einer übermäßigen Abholzung und regelrechten Plünderung der Wälder führte (Lexikon der Nachhaltigkeit, 2015).

Heute wird der Begriff der Nachhaltigkeit nach dem Bundesministerium für wirtschaftliche Zusammenarbeit und Entwicklung (2024a) wie folgt definiert:

„Nachhaltigkeit oder nachhaltige Entwicklung bedeutet, die Bedürfnisse der Gegenwart so zu befriedigen, dass die Möglichkeiten zukünftiger Generationen nicht eingeschränkt werden. Dabei ist es wichtig, die drei Dimensionen der Nachhaltigkeit – wirtschaftlich effizient, sozial gerecht, ökologisch tragfähig – gleichberechtigt zu betrachten. Um die globalen Ressourcen langfristig zu erhalten, sollte Nachhaltigkeit die Grundlage aller politischen Entscheidungen sein." (Bundesministerium für wirtschaftliche Zusammenarbeit und Entwicklung 2024a)

Auch die Immobilienbranche steht heute vor einer nachhaltigen Transformation. Nachhaltigkeit ist nicht mehr nur ein Trend, sondern wird zum Hauptthema der Diskussion über zukünftige Immobilienstrategien. Es wird für Unternehmen immer wichtiger, Nachhaltigkeitsaspekte in ihre operativen Geschäftstätigkeiten einzubeziehen, auch wenn diese mit hohen Investitionen verbunden sind (Phillippus, 2022, S. 63). Historisch betrachtet umfassten die Aufgaben des Asset Managements primär die wertoptimierte Überwachung der Immobilienbestände entlang der gesamten Wertschöpfungskette, sowie das Investment- und Risikomanagement (Jamestown, 2020). Seit neuestem gehört aber auch das Themenfeld ESG-Management zur zentralen Aufgabe des Asset Managements. Seit ein paar Jahren ist daher das neue Berufsfeld des „ESG-Managers" etabliert worden, welches im Immobilienunternehmen als Teilbereich des Asset Managements agiert. Welchen genauen ESG-Kriterien die Immobilienbestände unterliegen, wird im weiteren Verlauf erläutert.

6.2 ESG-Kriterien

Der aus dem englischen stammende Begriff ESG (Environmental, Social and Governance) steht im Deutschen für eine umweltschonende, soziale und ethische Unternehmensführung.

Das Bewusstsein für eine nachhaltige und sozial geprägte Wirtschaft hat unter dem Begriff ESG in den letzten Jahren stark an Bedeutung gewonnen. Sowohl auf gesellschaftlicher als auch auf politischer Ebene. Dies hat mittlerweile dazu geführt, dass Unternehmen die Bedeutung dieses Spezialthemas erkannt haben und ESG mittlerweile direkt in ihre Unternehmensstrategie einbeziehen (Reich, 2022, S. 137 ff.). Hierbei spielt insbesondere die aktuelle Klimakrise eine zentrale Rolle und treibt die nachhaltige Transformation der Immobilienwirtschaft voran.

ESG-Kriterien können hierbei als eine Art Werkzeug verwendet werden, um die nachhaltige und soziale Bewertung von Unternehmen messbar zu machen. Sie bieten gleichzeitig einen Rahmen zur Beurteilung der Nachhaltigkeit und langfristigen Rentabilität von Immobilienprojekten. Die wesentlichen ESG-Kriterien für Immobilien umfassen:

1. **Environmental (Umwelt):**
   - Energieeffizienz
   - Emissionsreduzierung
   - Wasserverbrauch und Abfallmanagement
   - Grüne Architektur und Klimawandelanpassung
2. **Social (Sozial):**
   - Menschliche Gesundheit und Wohlbefinden
   - Gemeinwohlorientierung
   - Sicherheit und Arbeitsplatzbedingungen
3. **Governance (Unternehmensführung):**
   - Transparenz und Ethik
   - Stakeholder-Engagement
   - Regulatorische Compliance

Die dargestellten ESG-Kriterien zielen darauf ab, den langfristigen Wert und die Nachhaltigkeit von Immobilien zu steigern. Dafür muss der Asset Manager sowohl eine ökologische, soziale als auch eine unternehmerische Perspektive einnehmen. In der Praxis werden ESG-Kriterien daher schon bei Immobilienankauf in den Bewertungs- und Investitionsprozess integriert. Nur so können die steigenden Nachhaltigkeitsanforderungen von Investoren, Mietern und Regulierungsbehörden dauerhaft gesichert werden.

6.3 Das Pariser Klimaschutzabkommen

Das Pariser Klimaschutzabkommen wurde gemäß dem Bundesministerium für wirtschaftliche Zusammenarbeit und Entwicklung (2024b) am 12. Dezember 2015 auf der Weltklimakonferenz in Paris verabschiedet. Im Einklang mit der kurz zuvor beschlossenen Agenda 2030 für nachhaltige Entwicklung verpflichteten sich 195 Staaten, Maßnahmen zur Eindämmung des Klimawandels zu ergreifen und die Weltwirtschaft klimafreundlich zu transformieren. Damit betrifft das Pariser Klimaschutzabkommen auch in hohem Maße die Immobilienwirtschaft. Asset Manager und Investoren müssen daher nach dessen genauen Zielen handeln.

Die zentralen Ziele des Abkommens sind in Artikel 2 definiert und umfassen sinnmäßig:

- Die Begrenzung des globalen Temperaturanstiegs
- Die Reduktion von Treibhausgasemissionen zur Bremsung des Klimawandels
- Die Umleitung von Finanzströmen im Sinne der Klimaschutzziele

Mit den aufgezeigten Zielen strebt das Abkommen an, den Anstieg der globalen Durchschnittstemperatur möglichst auf 1,5 °C zu begrenzen. Um dies zu erreichen, soll in der zweiten Hälfte des 21. Jahrhunderts nicht mehr CO_2 in die Atmosphäre gelangen als durch sogenannte Kohlenstoffsenken, wie beispielsweise Wälder wieder entzogen werden kann. Dieses Ziel der „Treibhausgas-Neutralität" erfordert eine rasche und umfassende Reduktion der Kohlenstoffemissionen. Diesen Vorgang beschreibt man in der Wissenschaft auch als „Dekarbonisierung".

Darüber hinaus sollen alle Mitgliedstaaten ihre Anpassungsfähigkeit an ein verändertes Klima verbessern und ihre Widerstandskraft gegenüber den negativen Auswirkungen des Klimawandels stärken. Eine entscheidende Voraussetzung hierfür ist die massive Umlenkung globaler Finanzmittel in nachhaltige Investitionen. Also auch in nachhaltige Immobilieninvestitionen. Mit diesem Ziel hat das

Pariser Klimaabkommen das Asset Management von Immobilien schon heute revolutioniert. Nachhaltigkeit ist im Immobilienmanagement nicht länger eine Option, sondern eine Notwendigkeit. Erfolgreiche Asset Manager integrieren Klimaziele systematisch in ihre Investitionsstrategie. Nur so können langfristig Werte gesichert und gleichzeitig zur globalen Dekarbonisierung beigetragen werden. Auch wenn Donald Trump, als US-Präsident das Pariser Klimaschutzabkommen direkt nach seinem zweiten Amtsantritt am 20. Januar 2025 gekündigt hat, wird es für die anderen Mitgliedstaaten noch lange von Bedeutung sein.

6.4 Der Europäische Green Deal

Anders als das Pariser Klimaschutzabkommen, ist der Europäische Green Deal eine eigenständige Initiative der Europäischen Union (EU). Ziel dieses Abkommen ist es, Europa bis 2050 zum ersten klimaneutralen Kontinent zu machen. Der europäische Green Deal wurde im Dezember 2019 von der Europäischen Kommission unter Ursula von der Leyen vorgestellt und bildet den zentralen Rahmen für die nachhaltige Transformation der europäischen Wirtschaft. Er umfasst eine Vielzahl von Maßnahmen, die darauf abzielen, die Treibhausgasemissionen zu reduzieren und die Energieeffizienz insgesamt zu steigern. So soll schließlich die gesamte europäische Wirtschaft auf eine kohlenstoffarme Grundlage gestellt werden. Betroffen hiervon ist auch die Immobilienwirtschaft und schlussendlich auch das Asset Management. Immerhin beanspruchen Immobilien einen erheblichen Anteil des Energieverbrauchs und der damit verbundenen CO_2-Emissionen für sich.

Die zentralen Ziele des europäischen in Deals sind gemäß der Europäische Kommission (2019):

- **Klimaneutralität bis 2050:** durch drastische Einsparung von Emissionen in allen Wirtschaftszweigen. Insbesondere Energie, Industrie, Immobilien- und Landwirtschaft.
- **Schonung von natürlichen Ressourcen:** Steigerung der Biodiversität und Förderung der Kreislaufwirtschaft zum Schutz natürlicher Ökosysteme.
- **Nachhaltige und bezahlbare Energie:** Ausbau von erneuerbaren Energien und Reduktion von Emissionen aus fossilen Brennstoffen, zur Förderung nachhaltiger Energiequellen.
- **Förderung von Innovationen:** Im Forschungsbereich der grünen Technologien und Produkte, zur Erhöhung der nachhaltigen Wettbewerbsfähigkeit der EU im globalen Kontext.

Aufgrund der neuen Klimaschutzziele werden sich nachhaltige Immobilien langfristig, also zum Vorteil ihrer Investoren entwickeln, da sie mit niedrigeren Betriebskosten und einem geringeren Risiko für regulatorische Sanktionen verbunden sind. Durch die Erfüllung der Green Deal-Vorgaben können Asset Manager also nicht nur ihre Portfolios an nachhaltige Marktanforderungen anpassen, sondern auch von einer potenziellen Wertsteigerung ihrer Immobilien profitieren.

Der Europäische Green Deal hat damit tiefgreifende Auswirkungen auf das Asset Management von Immobilien. Insbesondere die Erhöhung der Biodiversität im Immobilienportfolio durch die Aufwertung von Grünflächen, Gründächern und die Schaffung zusätzlicher Vegetationen bietet eine Herausforderung. Jedoch steigt gerade in Wohnprojekten hierdurch auch die Mieterzufriedenheit und damit die Bereitschaft eine höhere Miete zu zahlen.

Asset Manager müssen sich den neuen regulatorischen Anforderungen jetzt stellen. Sie müssen vermehrt grüne Immobilien in ihre Portfolien integrieren, um möglichst nachhaltige Renditen in Form von nachhaltigen Finanzflüssen zu generieren. Die Integration von ESG-Kriterien wird damit zunehmend zur Grundvoraussetzung für ein erfolgreiches Immobiliengeschäft. Verwalter, die frühzeitig auf ESG-konforme Investitionen setzen und ihre Portfolios konsequent an den Zielen des Green Deals ausrichten, können nicht nur nachhaltige Renditen erzielen, sondern auch Ihre positive Wirkung auf die gesamte Gesellschaft verbessern. Dies ist schlussendlich auch für das gesamte Immobilienunternehmen ein wichtiger Faktor bei der Akquisition neuer Mitarbeiter.

6.5 Die EU-Taxonomie

Die EU-Taxonomie ist ein zentraler Bestandteil des zuvor beschriebenen Green Deals. Sie dient als einheitliches Klassifikationssystem zur Bestimmung der Nachhaltigkeit von wirtschaftlichen Aktivitäten. Entwickelt wurde sie, um den Übergang zu einer klimaneutralen Wirtschaft zu garantieren. Hierbei dient sie als Orientierungshilfe für Investoren, um so möglichst viele Kapitalflüsse in umweltfreundliche und sozial verantwortliche Projekte zu lenken.

Damit stellt die EU-Taxonomie auch das Asset Management von Immobilien vor eine Reihe von Herausforderungen. Aufgrund ihrer hohen Anforderungen führt sie zu tiefgreifende Veränderungen in der Bewertung, Verwaltung und Berichterstattung von Immobilieninvestitionen. Asset Manager müssen daher ihre Investitionsstrategien und Prozesse „Taxonomie-konform" anpassen. Hierfür werden neue Tools notwendig, um die Einhaltung der EU-Taxonomie im Portfolio messbar zu machen. Zusätzlich muss das Daten Management in Zukunft auf Objektebene verbessert werden, um die Transparenz im Sinne der Nachhaltigkeit zu erhöhen. Asset Manager sind ab jetzt darauf angewiesen, detaillierte und verlässliche ESG-Daten über ihre Objekte in Echtzeit zu erhalten. Viele Investoren, insbesondere aus kleineren Märkten, sind jedoch nicht in der Lage, die geforderten Informationen ihre Objekte zur Verfügung zu stellen. Mithilfe digitaler Lösungen müssen daher in Zukunft möglichst transparente Immobilien entwickelt werden. Denn Taxonomie-Kriterien sind anspruchsvoll und erfordern umfassende Analysen, insbesondere im Hinblick auf den Klimaschutzbeitrag der Objekte. Als Lösung kann der leistungsstarke Aufbau von Datenplattformen und Partnerschaften mit ESG-Datenanbietern dienen.

Gleichzeitig können KI-gestützte Tools bei der bei der Analyse großer Datenmengen helfen. Die exakte Verarbeitung der Nachhaltigkeitsdaten ist heute wichtiger denn je. Schließlich müssen Asset Manager sicherstellen, dass ihre Portfolios möglichst viele Taxonomie-konforme-Investments enthalten. Immobilien, die den Anforderungen des Klimaschutzes nicht entsprechen, werden langfristig an Wert verlieren und notgedrungen, als „stranded assets" zu günstigen Verkaufspreisen das Portfolio verlassen. In diesem Kontext haben Asset Manager heute vor allem mit den hohen Anfangsinvestitionen für nachhaltige Investitionen zu kämpfen, denn diese haben meist nur langfristig einen direkten Einfluss auf die Rendite. Daher ist heute eine langfristige Anlagestrategie mit dem Fokus auf eine nachhaltige Wertschöpfung für Asset Manager von zentraler Bedeutung. Es geht darum eine möglichst hohe Diversifikation schon auf Portfolioebene durchzuführen, um so potenzielle Risiken und nicht Taxonomie-konforme-Immobilien zu minimieren.

Eine zusätzliche Herausforderung sind die neuen Berichtspflichten und Offenlegungsverordnungen. Schon heute müssen Asset Manager detailliert offenlegen, wie viel Prozent ihrer Immobilieninvestitionen Taxonomie-konform sind. Hiermit sind enorme Personal Ressourcen und gegebenenfalls die Einführung neuer Systeme verbunden. Schließlich müssen Investoren und Aufsichtsbehörden die Dokumentation der Nachhaltigkeit detailgetreu nachvollziehen können. Hierfür bieten sich insbesondere automatisierte Reporting-Systeme an, die ESG- und Taxonomie-Daten effizient verarbeiten könnten, und so die Berichterstattung vereinfachen. Leider sind diese Systeme häufig mit hohen Anfangsinvestitionen für den Asset Manager verbunden. Dennoch hat die Umsetzung der hohen Nachhaltigkeitsanforderung auch Vorteile. So können beispielsweise Förderprogramme und grüne Finanzierungsinstrumente in Anspruch genommen werden. Dies kann erheblich bei der wirtschaftlichen Umsetzung von Projekten helfen.

Abschließend kann festgehalten werden, Die EU-Taxonomie stellt das Asset Management vor erhebliche Herausforderungen. Insbesondere in Bezug auf das Datenmanagement und die regulatorischen Anforderungen. Dennoch bietet die EU-Taxonomie auch die Chance, sich als Vorreiter im Bereich des nachhaltigen Asset Managements von Immobilien zu positionieren. Durch den Einsatz innovativer ESG-Technologien in einen Prozessschritten können Asset Manager langfristig von der nachhaltigen Wertsteigerung ihrer Objekte profitieren.

Bewertungsmodelle 7

7.1 ECORE

Der ESG Circle of Real Estate (ECORE) ist eine 2020 gegründete Brancheninitiative, die einen ESG-Standard zur Bewertung von nachhaltigen Immobilien entwickelt hat. Dieser Standard ermöglicht es, die ESG-Performance von Gebäuden messbar und damit vergleichbar zu machen. Gemeinsam mit ca. 100 Partnerunternehmen wurde ein Kriterienkatalog in Form eines ESG-Scoring-Modell entwickelt. Dieses Bewertungsmodell verknüpft die ESG-Kriterien von Immobilien mit den politischen Nachhaltigkeitsvorgaben der Europäischen Union. Somit können Asset Manager in Zukunft genau messen, inwiefern ihre Immobilienportfolios die Klimaziele und ESG-Faktoren der Gesetzgebungen erfüllen (ECORE, 2021). Das ECORE-Scoring-Modell integriert alle relevanten Klimaschutzgesetze und ESG-Kriterien, einschließlich der EU-Taxonomie und dem Pariser Klimaabkommen. Mithilfe einer Punkteskala von 0 bis 100 können alle Immobilientypen in Europa auf ihre Nachhaltigkeitsanforderung hin überprüft werden. Dabei setzt sich das Modell aus den drei folgenden Kategorien zusammen:

1. **Governance:** Bewertung des Nachhaltigkeitsmanagements, der Kommunikation und des externen Qualitätsmanagements auf Fons- und Unternehmensebene (Gewichtung 20 %).
2. **Verbräuche und Emissionen:** Analyse von Energie- und Wasserverbräuchen, Abfallaufkommen sowie CO_2-Emissionen im Kontext der Klimaziele (Gewichtung 40 %).
3. **Asset-Check:** Untersuchung der qualitativen Aspekte, wie Gebäudeautomation, Bauweise, Ressourcennutzung, Umnutzungsfähigkeit, Standortrisiken und Instandhaltungsmanagement (Gewichtung 40 %).

ECORE wird dabei kontinuierlich an neue regulatorische Anforderungen angepasst und fördert durch die Einbindung von Banken und Bewertungsexperten eine hohe Transparenz und Vergleichbarkeit von ESG-Daten. Im Asset Management bezieht sich die Integration von ECORE auf die strategische und operative Ebene. Der Fokus liegt darauf, Immobilieninvestitionen nicht nur aus einer finanziellen Perspektive zu betrachten, sondern auch die langfristigen Auswirkungen auf die Umwelt und die Gesellschaft zu berücksichtigen. ECORE bietet Asset Managern ein strukturiertes Werkzeug, um moderne Nachhaltigkeitsparameter in den gesamten Lebenszyklus einer Immobilie zu integrieren. Die genaue Punktzahl wird basierend auf den Bewertungen in den einzelnen Bereichen berechnet. Ein hoher Score bedeutet, dass das Projekt in den meisten Bereichen hohe Nachhaltigkeits- und Ressourcenschonungsstandards erfüllt. Projekte, die besonders hohe Punktzahlen erzielen, erhalten ECORE-Zertifikate. Diese Zertifikate sind ein wertvolles Marketinginstrument für den Asset Manager und zeigen gleichzeitig das hohe Engagement seines Unternehmens für nachhaltige und ressourcenschonende Geschäftstätigkeiten. Ein hoher ECORE-Score ist aber nicht nur ein Indikator für das Engagement in der Nachhaltigkeit, sondern auch ein Wettbewerbsvorteil auf dem Markt.

7.2 CRREM

Der Carbon Risk Real Estate Monitor (CRREM) ist ein Instrument zur Bewertung und Minderung von CO_2-Emissionen im Immobiliensektor. Entwickelt wurde er, um Kohlenstoffemissionen in einem Immobilienportfolio zu analysieren und mit den globalen Klimazielen zu vergleichen. Damit bietet er ein wichtiges Werkzeug für Asset Manager und Investoren. Sie können mit seiner Hilfe Kohlenstoffrisiken in ihren Immobilienportfolios mindern. Damit leistet der Carbon Risk Real Estate Monitor einen wichtigen Beitrag zur Gestaltung einer kohlenstoffarmen Wirtschaft.

Die Einführung von CRREM erfolgte bereits 2018 durch die EU. Inzwischen nutzen zahlreiche institutionelle Investoren dieses Produkt (Europa.eu, 2021). Es bietet vor allem den großen Vorteil genau zu sehen, ab wann eine Immobilie als „stranded asset" gewertet wird. Ein „stranded asset" liegt immer dann vor, wenn die energetischen Maßnahmen auf Objektebene nicht ausreichen oder die Immobilie mehr Treibhausgasemissionen verursacht als die Dekarbonisierungsvorgaben zulassen (Lakenbrink, 2021, S. 281). Hierfür bietet das Tool Dekarbonisierungs-Pfade, die auf wissenschaftlichen Modellen basieren. Es umfasst beispielsweise

Benchmark-Daten zur Kohlenstoffintensität der einzelnen Gebäude. Auf Grundlage dieser Daten können die eigenen Objekte mit anderen Immobilientypen und unterschiedlichen Anlageregionen verglichen werden. Angesichts des zunehmenden Drucks durch nationale und internationale Klimaschutzvorgaben stellt das Tool somit sicher, dass Immobilienportfolios den wachsenden Anforderungen des Klimawandels gerecht werden und gleichzeitig das Risiko von Strafen oder Wertverlusten für den Investor minimiert wird.

CRREM hilft außerdem dabei, die Energieeffizienz von Gebäuden zu überwachen und gezielt Vorschläge zur Optimierung zu machen. Durch diese Maßnahmen können Emissionen schnell gesenkt und gleichzeitig die Wirtschaftlichkeit der Immobilie langfristig gesteigert werden. Damit leistet CRREM einen wichtigen Beitrag zur Umsetzung des Pariser Klimaschutzabkommens und ermöglicht eine fundierte, datengestützte Entscheidungsgrundlage für ein nachhaltiges Asset Management.

Zusammenfassend lässt sich festhalten, dass der Carbon Risk Real Estate Monitor mittlerweile eines der wichtigsten Instrumente im Immobiliensektor darstellt, um Kohlenstoffemissionen zu messen, zu bewerten und durch gezielte Maßnahmen zu reduzieren. Es bietet damit sowohl eine Risikomanagementstrategie, als auch eine praxisorientierte Hilfestellung zur Erfüllung gesetzlicher Klimaziele. Somit liefert es schließlich einen wichtigen Beitrag zu einer dauerhaft, nachhaltigen Immobilienwirtschaft.

7.3 GRESB

Der Global ESG Benchmark for Real Assets (GRESB) ist eine internationale Bewertungs- und Benchmarking-Plattform, die ebenfalls speziell für den Immobilien- und Infrastruktursektor entwickelt wurde. Sie wurde 2009 von institutionellen Investoren gemeinsam mit der Universität Maastricht gegründet. GRESB bietet eine systematische Methodik zur Messung und der Nachhaltigkeitsperformance von Immobilienportfolios. Ziel ist es, ESG-Kriterien bereits in die Investmentstrategie des Asset Managers einzubeziehen.

Für ein nachhaltiges Asset Management spielt GRESB somit eine zentrale Rolle. Sie ermöglicht Asset Managern eine objektive und standardisierte Bewertung der ESG-Performance ihrer Immobilienbestände. Durch die Einbeziehung von GRESB können Immobilienunternehmen ihre ESG-Strategien validieren, ihre Marktstellung stärken und das Vertrauen ihrer Investoren erhöhen. Schließlich setzen diese zunehmend auf nachhaltige Investitionen. Hierfür verwendet GRESB eine Punkteskala, die in drei Hauptkategorien unterteilt ist:

- **Management Score:** Bewertung der Integration von ESG-Faktoren in die Managementprozesse des Unternehmens und Überprüfung der Nachhaltigkeitsziele bezogen auf die Unternehmensstrategie.
- **Performance Score:** Bewertung der tatsächlichen ESG-Performance einschließlich Energie-Verbräuchen, CO_2-Emissionen und andere Umweltfaktoren sowie soziale Auswirkungen.
- **Development Score:** Messung der tatsächlichen Portfolioentwicklung bezogen auf die Umsetzung der Nachhaltigkeitsziele.

Gemäß den drei Hauptkategorien bewertet GRESB Organisationen und Portfolios auf einer Skala von 0 bis 100 Punkten. Es gibt jedoch auch „Star Ratings", die von 1 bis 5 Sternen reichen, um die eigene Nachhaltigkeitsleistung im Vergleich zu anderen Investoren darzustellen. Hierfür stellt das System eine Datenbank zur Verfügung, die es ermöglicht, die ESG-Leistungen verschiedener Akteure auf globaler Ebene zu vergleichen. Investoren können auf diese Weise fundierte Entscheidungen treffen und ihre Portfolios nach den besten ESG-Faktoren ausrichten.

Die Bewertungsergebnisse werden veröffentlicht und bieten den Unternehmen die Möglichkeit, ihre ESG-Strategien transparent darzustellen und zu kommunizieren. Insbesondere institutionelle Anleger und Fonds, setzen daher zunehmend auf eine GRESB-Bewertung. Schließlich kann eine gute GRESB-Bewertung dazu beitragen, frisches Kapital von Banken zu gewinnen. Eine schlechte Bewertung wird hingegen die Gefahr mögliche Geldgeber zu verlieren. Asset Manager müssen ESG-Faktoren daher zunehmend in ihre Investmentstrategien integrieren, da diese sich positiv auf die GRESB-Bewertung auswirken. Nur so werden sie auch in Zukunft wettbewerbsfähig sein.

Zusammenfassend lässt sich festhalten, ECORE und GRESB weisen grundsätzlich ähnliche Zielsetzungen auf, differenzieren sich jedoch in ihren Schwerpunkten. Während ECORE einen stärkeren Fokus auf die Ebene der Immobilien legt, legt GRESB mehr Gewicht auf ein nachhaltiges Management im Unternehmen.

7.4 Nachhaltige Fondprodukte SFRD

Die Sustainable Finance Disclosure Regulation (SFDR) ist eine Offenlegungsverordnung der EU. Sie regelt seit 2021 die Offenlegungspflichten für Investoren und Asset Manager in Hinblick auf die Einhaltung von Nachhaltigkeitszielen. Ziel der SFDR ist es, Transparenz hinsichtlich der Nachhaltigkeitsrisiken

7.4 Nachhaltige Fondprodukte SFRD

von Finanzprodukten zu schaffen. Hierdurch soll das allgemeine Vertrauen in nachhaltige Investments gestärkt werden. So sollen schließlich möglichst viele Finanzströme in nachhaltige Investments gelenkt werden. Damit ist auch die Immobilienwirtschaft mit ihren umfangreichen Fondsprodukten maßgeblich betroffen.

Die SFDR unterscheidet dabei zwischen verschiedenen Arten von Finanzprodukten, die auf Nachhaltigkeit ausgerichtet sind. Die Verordnung verlangt hierfür vom jeweiligen Vermögensverwalter, dass er angibt, inwieweit seine Investitionen Nachhaltigkeitskriterien berücksichtigen. Dabei werden drei Hauptkategorien unterschieden:

- **Artikel 6:** Fonds, die keine Nachhaltigkeitsaspekte berücksichtigen und zum Thema Nachhaltigkeit allgemein neutral sind (konventionelle Fonds).
- **Artikel 8:** Fonds, die ökologische oder soziale Merkmale fördern, aber nicht als nachhaltige Produkte im engeren Sinne gelten. Es handelt sich also um „grüne" oder „soziale" Produkte, die nur bestimmte ESG-Kriterien berücksichtigen (hellgrüne Fonds).
- **Artikel 9:** Fonds, die ein explizites Nachhaltigkeitsziel verfolgen. Beispielsweise die Förderung des Klimaschutzes. Sie investieren hierfür ausschließlich in Unternehmen oder Immobilien, die ihren eigenen Nachhaltigkeitsanforderung entsprechen (dunkelgrüne Fonds).

Mit dieser Einteilung stellt die SFDR sicher, dass nachhaltig Finanzprodukte auch tatsächlich ESG-Kriterien erfüllen. Sie hat damit erhebliche Auswirkungen auf das Asset Management von Immobilien, insbesondere in Bezug auf die Einhaltung regulatorischer Anforderungen bei der Übertragung der Nachhaltigkeitskriterien auf das Immobilienportfolio. Asset Manager müssen schon in ihrer Anlagestrategie angeben, welche ESG-Kriterien sie bei ihren Immobilieninvestments berücksichtigen. Die Transparenzvorgaben ermöglichen es den Investoren anschließend, die ESG-Strategie eines Fonds besser zu bewerten.

Gleichzeitig müssen mögliche ESG-Risiken durch das Asset Management aufgezeigt werden, um einen Übergang zu einer kohlenstofffreien Immobilienwirtschaft zu unterstützen. Dies kann die Einführung neuer Analysetools erfordern. Hierfür muss der Asset Manager in einen ständigen Austausch mit dem Fondsmanagement treten. Schließlich verlangt die SFDR von Asset Managern und Fondsanbietern, dass sie regelmäßig Berichte über die ESG-Performance ihrer Produkte veröffentlichen. Dies umfasst die Auswirkungen auf Umwelt und Gesellschaft. Aber auch die Erreichung der festgelegten ESG-Ziele. Nur so kann

„Greenwashing" vermieden und die Nachhaltigkeit der Immobilien nachweisbar gewährleistet werden.

Zusammenfassend kann festgehalten werden, dass die SFDR einen wichtigen Beitrag zur Förderung von nachhaltigen Finanzprodukten im Immobiliensektor leistet. Sie sorgt für mehr Transparenz, was sowohl den Anlegern als auch den Asset Managern zugutekommt.

7.5 Nachhaltige Zertifizierungssysteme

Die Nachhaltigkeitszertifikate DGNB, LEED und BREEAM sind führende Standards für die nachhaltige Zertifizierung von Immobilien. Sie unterscheiden sich jedoch in ihrer Herkunft, Methodik und Zielsetzung.

Das DGNB-Zertifikat ist eines der führenden Nachhaltigkeitszertifikate im Immobiliensektor in Deutschland und Europa. Es bewertet die ökologische, ökonomische, technische sowie soziokulturelle Qualität von Immobilien. Mithilfe einer Punkteskala werden die Kategorien Bronze, Silber, Gold oder Platin ausgezeichnet. Investoren und Nutzer erhalten hierdurch klare Informationen über die Nachhaltigkeitsstandards ihrer Immobilien. Außerdem bietet dieses Zertifikat eine strukturierte Grundlage, um die Umweltziele der EU-Taxonomie nachzuweisen (DGNB, 2024). Folglich sind DGNB-zertifizierte Immobilien für „Green Bonds" oder andere nachhaltige Finanzierungsinstrumente besonders attraktiv und fördern die Finanzierbarkeit von Projekten. Denn zertifizierte Immobilien erzielen oft höhere Marktpreise und Mieteinnahmen, was das Risiko für die Banken mindert. Gleichzeitig legen immer mehr Nutzer Wert auf nachhaltige und energieeffiziente Gebäude, was die Nachfrage nach zertifizierten Immobilien allgemein erhöht. Die DGNB-Zertifizierung berücksichtigt im Gegensatz zu anderen Zertifikaten auch die Lebenszykluskosten der Immobilie, was wiederum die Wirtschaftlichkeit im Asset Management fördert. Damit sind DGNB-zertifizierte Gebäude oft besonders energieeffizient und ressourcenschonend, wodurch schließlich Betriebskosten langfristig gesenkt werden können. Gleichzeitig wird ein besonderes Augenmerk auf den Einsatz nachhaltiger Materialien gelegt. Dies wiederum verlängert die Lebensdauer und minimiert künftige Renovierungskosten. Das DGNB-Zertifikat wird vor allem im Neubau für unterschiedliche Assetklassen wie beispielsweise Wohnen, Büro, Einzelhandel oder Logistik eingesetzt.

Das LEED-Zertifikat ist hingegen ein internationales Nachhaltigkeitszertifikat. Es genießt weltweit hohes Ansehen und ist besonders wertvoll für global agierende Immobilienunternehmen. Entwickelt wurde es vom U.S. Green Building Council. Auch LEED bewertet Immobilien in mehreren Kategorien, darunter

7.5 Nachhaltige Zertifizierungssysteme

Energieeffizienz, Wasserverbrauch, Materialauswahl, Raumqualität und Standortentwicklung. Damit steigert auch dies Zertifikat in der Regel den Wert von Immobilien im internationalen Kontext und optimiert gleichzeitig die Betriebskosten. Bei der eigentlichen Bewertung spielen aber beispielsweise Standortfaktoren eine größere Rolle als bei DGNB. Daher wird es häufig bei Büroprojekten in Toplagen eingesetzt.

Das BREEAM-Zertifikat ist hingegen ein britisches Nachhaltigkeitszertifikat. Es ist das älteste Nachhaltigkeitszertifikat und wurde bereits 1990 entwickelt. In Deutschland spielt dieses Zertifikat insbesondere bei Bestandsobjekten eine Rolle. Im Gegensatz zu DGNB und LEED ist die Zertifizierung zusätzlich relativ günstig und liefert dennoch einen international anerkannten Nachhaltigkeitsstandard. Die Bewertung erfolgt hierbei nach den Kategorien Pass, Good, Very Good und Excellent sowie Outstanding. Damit liefert auch das BREEAM-Zertifikat ein wertvolles Werkzeug für das Asset Management von Immobilien. Es steigert nachweislich die Nachhaltigkeitsleistung der Gebäude und erhöht damit ihre Marktattraktivität. Schlussendlich hängt die Wahl des jeweiligen Zertifikates von den jeweiligen projektspezifischen Anforderungen, der geographischen Lage und den Nachhaltigkeitszielen des Investors ab.

- **DGNB:** Ideal für ganzheitliche Projekte mit Fokus auf Lebenszykluskosten, insbesondere in Europa. Gut geeignet für unterschiedliche Assetklassen.
- **LEED:** Optimal für international ausgerichtete Projekte, die internationale Investoren ansprechen sollen. In Deutschland besonders für Büroobjekte gut geeignet.
- **BREEAM:** Gut verwendbar für Projekte mit Schwerpunkt auf eine ökologische Bewertung und Managementprozesse in Großbritannien und Europa. Bietet sich insbesondere für Bestandsobjekte an.

Alle drei Systeme bieten signifikante Vorteile für das Immobilien Asset Management. Sie steigern den Immobilienwert und unterstützen bei der Umsetzung von ESG-Zielen.

Handlungsempfehlungen 8

Ein Asset Manager kann heute nicht mehr nur nach den Renditezielen seiner Investoren handeln. Er muss auch die sozialen Aspekte und Nachhaltigkeitsanforderung der Gesellschaft erfüllen. Ein nachhaltiges Asset Management vereint die wirtschaftliche Effizienz mit der ökologischen und sozialen Verantwortung. Es sollte stets auf einer ganzheitlichen Strategie beruhen, die insbesondere eine lebenszyklusorientierte Integration von ESG-Kriterien beinhaltet. Der Asset Manager muss also sowohl die Einhaltung der regulatorischen Anforderungen berücksichtigen als auch die langfristige Rentabilität der Immobilienobjekte unteraktuell Nachhaltigkeitsanforderung gewährleisten. Der Einsatz innovativer Technologien wie beispielsweise Künstlicher Intelligenz kann hierbei einen erheblichen Mehrwert generieren. Aber auch Zertifizierungssysteme und nachhaltige Finanzierungsmodelle erhöhen die Wettbewerbsfähigkeit. Denn sie tragen aktiv zur nachhaltigen Transformation der Immobilienwirtschaft bei.

Um ein erfolgreiches, nachhaltiges Asset Management von Immobilien dauerhaft zu gewährleisten, ist neben der Einhaltung von „Green-Building-Standards", auch die transparente Berichterstattung an Investoren von zentraler Bedeutung. Nur durch Transparenz kann das Vertrauen der Geldgeber dauerhaft gesichert und damit die Performance im Asset Management allgemein erhöht werden. Durch ein gegenseitiges Vertrauen aller Interessensgruppen können kurzfristig Entscheidungen getroffen werden, die weitreichende, positive Effekte für den Wert der Immobilien erzielen. Gleichzeitig kann ein datengestütztes Management auf Objektebene die Transparenz im Immobilienportfolio weiter erhöhen. Nur wenn der Datenabgleich zwischen Objekt, Asset Manager und Investor dauerhaft präzise gesichert ist, können auf dessen Grundlage die richtigen Entscheidungen getroffen werden. Daher sollte der Datenerhebung und der Datenmessung eine hohe Sensibilität und Genauigkeit zugemessen werden. Durch solche Strategien können Immobilienunternehmen gesetzliche Anforderungen erfüllen, wirtschaftliche Vorteile sichern und zur nachhaltigen Transformation beitragen. Zusätzlich muss durch den Asset Manager jederzeit bewertet werden, ob eine Immobilie noch gehalten oder veräußert werden soll. Schließlich dürfen einzelne Objekte nicht die Gesamtperformance des Portfolios, bezogen auf seine Nachhaltigkeit, negativ beeinflussen. Der Asset Manager ist also nicht nur ein Finanzmanager, sondern erst auch ein Projektmanager der vielen Teilbereichen des Projektes schlussendlich zu einem Gesamtergebnis mit einem hohen Maß an sozialer Gerechtigkeit und Nachhaltigkeit verhelfen muss. Umso nachhaltiger und generationsübergreifender seine Investitionsentscheidung ausfallen, umso mehr Wertsteigerung wird sich dauerhaft auf seine Objekte übertragen. So muss er abschließend nicht nur den Anforderungen seiner Investoren gerecht werden, sondern auch der zunehmend nachhaltigen und umweltbewussten Gesellschaft insgesamt.

Was Sie aus diesem *essential* mitnehmen können

- Das nachhaltige Asset Management von Immobilien bietet ein interdisziplinäres Tätigkeitsfeld mit Zukunftspotenzial.
- Der Umfang und die Anforderungen an ein erfolgreiches Asset Management sind aufgrund der erhöhten Nachhaltigkeitsanforderungen an Immobilien erheblich gestiegen.
- Die Umstrukturierung hin zu einer klimaneutralen Immobilienwirtschaft ist nicht nur mit hohen Kosten verbunden, Sie bietet auch erhebliches Wertsteigerungspotenzial durch die Übertragung von ESG-Kriterien auf den Gebäudebestand.
- Das steigende Investoreninteresse nach ESG-konformen Immobilien erhöht den Bedarf an professionellen Asset Management-Leistungen. Dies erweitert die unternehmerischen Möglichkeiten von Asset Managern auf dem internationalen Immobilienmarkt.

Literatur

Bundesministerium für wirtschaftliche Zusammenarbeit und Entwicklung. (2024a). Nachhaltigkeit (nachhaltige Entwicklung). https://www.nachhaltigkeit.info/artikel/hans_carl_von_carlowitz_1713_1393.htm. Zugegriffen: 7. Jan. 2025.

Bundesministerium für wirtschaftliche Zusammenarbeit und Entwicklung. (2024b). Klimaabkommen von Paris. https://www.bmz.de/de/service/lexikon/klimaabkommen-von-paris-14602. Zugegriffen: 7. Jan. 2025.

Bone-Winkel, S. (1994). *Das strategische Management von offenen Immobilienfonds. Unter besonderer Berücksichtigung der Projektentwicklung von Gewerbeimmobilien*. Diss.

DGNB – Deutsche Gesellschaft für Nachhaltiges Bauen. (2024). Das DGNB System: Marktführer in Deutschland und international erfolgreich. https://www.dgnb.de/de/zertifizierung/das-wichtigste-zur-dgnb-zertifizierung/ueber-das-dgnb-system. Zugegriffen: 8. Jan. 2025

ECORE – ESG Circle of Real Estate. (2021). *Immobilienwirtschaft DACH entwickelt europäischen Nachhaltigkeitsstandard ECORE*. Pressemitteilung. Köln, 09. Februar 2021.

Europa.eu. (2021). The Carbon Risk Real Estate Monitor (CRREM): A new tool to reduce stranded investments and guide energy-efficiency decisions in real estate. https://cinea.ec.europa.eu/news-events/news/carbon-risk-real-estate-monitor-crrem-new-tool-reduce-stranded-investments-and-guide-energy-2021-07-20_en. Zugegriffen: 5. Jan. 2025.

Europäische Kommission. (2019). The European green deal. https://commission.europa.eu/strategy-and-policy/priorities-2019-2024/european-green-deal_en. Zugegriffen: 8. Jan. 2025.

EY. (2023). *Asset Management Studie 2023. Asset Management in der VUCA Welt*. Ernst & Young Real Estate GmbH.

Göötz, R. (2022). Modernes real-estate-asset-management. In M. Mändle (Hrsg.), *Handbuch Immobilienwirtschaft. Immobilieninvestitionen, Wertermittlung, Bautechnik, Controlling, Asset Management, Genossenschaften, Quartiersentwicklung, Wohnungspolitik*, (2. Aufl., S. 513–586). Haufe.

Hoerr, P. (2017). Real estate asset management. In N. B. Rottke & M. Thomas (Hrsg.), *Immobilienwirtschaftslehre. Management* (S. 635–668). Springer Gabler.

Jamestown US-Immobilien GmbH. (2020). *Asset Manager und Property Manager: Wer macht was?* https://www.jamestown.de/news/asset-manager-und-property-manager-wer-macht-was. Zugegriffen: 5. Jan. 2025.

Lakenbrink, S. (2021). Instrumente zur Messung von ESG-Kriterien und ESG. In T. Veith, C. Conrads, & F. Hackelberg (Hrsg.), *ESG in der Immobilienwirtschaft. Praxishandbuch für den gesamten Investitionszyklus* (S. 273–282).

Lehner, G. (2023). Zusammenspiel Immobilienfondsmanagement und Immobilien Asset Management. In D. Piazolo (Hrsg.), *Immobilien asset management* (S. 55–80). Springer Gabler.

Lexikon der Nachhaltigkeit. (2015). Die Standardreferenz der Jahre 2002–2015 zur nachhaltigen Entwicklung. Hans Carl von Carlowitz, 1713. https://www.nachhaltigkeit.info/artikel/hans_carl_von_carlowitz_1713_1393.htm. Zugegriffen: 8. Jan. 2025.

Pade, A. (2019). Trend zum Outsourcing – Investmentgesellschaften lagern Fondsadministration. https://www.institutional-investment.de/content/am-reports/kommentar-trend-zum-outsourcing-investmentgesellschaften-lagern-fondsadministration-aus.html. Zugegriffen: 6. Jan. 2025.

Pelzeter, A., & Trübestein, M. (2016). Real estate asset management, property management und facility management. In K.-W. Schulte, S. Bone-Winkel, & W. Schäfers (Hrsg.), *Immobilienökonomie I* (5. Aufl, S. 287–360). De Gruyter.

Phillippus, A. (2022). ESG-Strategien: Robust durch die Corona-Krise. In H. Schäfer, E. Stephan, & F. Vogel (Hrsg.), *Innovative Nachhaltigkeit in Einrichtungen der betrieblichen Alterversorgung* (S. 63–72). Best Practices für das Anlage- und Risikomanagement.

Piazolo, D. (2023). Grundlagen des Immobilien Asset Managements. Einordnung Immobilien Asset Management vs. Financial Asset Management. In D. Piazolo (Hrsg.), *Immobilien asset management*(S. 3–12). Springer Gabler.

Reich, S. (2022). Die Rolle von Environmental, Social & Governance (ESG): In der gesellschaftlichen und wirtschaftlichen Transformation. In A. Pfnür, M. Eberhardt, & T. Herr (Hrsg.), *Transformation in der Immobilienwirtschaft. Geschäftsmodelle, Strukturen, Prozesse und Produkte im Wandel* (Bd. 37, S. 137–157). Springer Gabler.

Rothermund, U. (2017). Aktueller Entwicklungsstatus Lebenszykluskostenberechnung. https://www.fh-muenster.de/fb5/downloads/departments/rotermund/2016_lebenszykluskosten_rotermund.pdf. Zugegriffen: 5. Jan. 2025.

Röttmer, N., Michaels, A., Fromageot, F., & Schwarz, F. (2021). ESG und regulatorisches Umfeld. In T. Veith, C. Conrads, & F. Hackelberg (Hrsg.), *ESG in der Immobilienwirtschaft. Praxishandbuch für den gesamten Immobilien und Investitionszyklus* (1. Aufl., S. 249–272). Haufe.

Trübestein, M. (2019). *Real Estate Asset und Investment Management*. Studienergebnisse 2019. Springer Gabler.

Umweltbundesamt. (2021). *Kohlendioxid-Emissionen 2020*. https://www.umweltbundesamt.de/daten/klima/treibhausgas-emissionen-in-deutschland/kohlendioxid-emissionen#kohlendioxid-emissionen-im-vergleich-zu-anderen-treibhausgasen. Zugegriffen: 14. Jan. 2025.

Veith, T., Conrads, C., & Hackelberg, F. (2021). *ESG in der Immobilienwirtschaft* (1. Aufl.). Haufe.

Wealthcap Kapitalverwaltungsgesellschaft mbH. (2022). Wertsteigerungsstrategie Immobilien-Value-Add. https://www.aad-fondsdiscount.de/downloads/beteiligungen/wealthcap-fondsportfolio-immobilien-international-1-flyer.pdf. Zugegriffen: 6. Jan. 2025.

MIX
Papier aus verantwortungsvollen Quellen
Paper from responsible sources
FSC® C105338

If you have any concerns about our products,
you can contact us on
ProductSafety@springernature.com

In case Publisher is established outside the EU,
the EU authorized representative is:
**Springer Nature Customer Service Center GmbH
Europaplatz 3, 69115 Heidelberg, Germany**

Printed by Libri Plureos GmbH
in Hamburg, Germany